Robert Lax
33 Gedichte

Robert Lax
33 Gedichte

Herausgegeben
von Thomas Kellein

sprachlichter

Die Originalausgabe ist erschienen unter dem Titel

33 POEMS

bei Edition Hansjörg Mayer / New Directions Publishers.
Mit freundlicher Genehmigung des Robert Lax Literary Trust.

2. überarbeitete Auflage 2022

Übersetzung: Thorsten F. Scheu
Lektorat und redaktionelle Mitarbeit:
Michael N. McGregor, Paul Hailperin
Umschlagmotiv: Nancy Goldring
Umschlaggestaltung und Satz: Antonia Henschel,
Sign Kommunikation, Frankfurt am Main.
Druck: DieDrucker.de GmbH & Co. KG, Reinheim
Bindung: Buchbinderei Kaffenberger, Brensbach

Printed in Germany
ISBN 978-3-948824-14-3

www.sprachlichter.de

Vielen Dank an/many thanks to:
Marcia Kelly, Paul J. Spaeth, Nancy Goldring,
Michael N. McGregor, Paul Hailperin,
Christopher Wait, Judy Emery

Inhalt

1. DER MANN MIT DEN GROSSEN ALLGEMEINEN ANSICHTEN
2. ZOO SCHILD
3. [WACH AUF, JACK]
4. ZIRKUS
5. DER ZIRKUS DER SONNE
6. DER JONGLEUR
7. JERUSALEM
8. FRAGE
9. [DER HAFEN SEHNTE SICH]
10. [EINEN STEIN]
11. ANDALUSISCHES SPRICHWORT
12. [DIE MAXIMALE KAPAZITÄT]
13. [EINFACHE FORMEN]
14. [AUFWIEDERSEHEN]
15. [EIN VOGEL, ZWEI VÖGEL]
16. [FLUSS]
17. [IM DUNKELN]
18. KÜRZERE GESCHICHTE DER WESTLICHEN ZIVILISATION
19. [BIST DU EIN BESUCHER?]
20. [DER BETRACHTER]
21. [JEDE NACHT]
22. DIE BOMBE
23. MEER & HIMMEL
24. ABSTRAKTES GEDICHT
25. ABLE CHARLIE BAKER DANCE
26. EIN PROBLEM DER GESTALTUNG
27. DER ENGEL UND DIE KLEINE ALTE DAME
28. SCHÄFER-KALENDER
29. SIEBEN EPISODEN
30. TRACTATUS I–II
31. EINE INSEL
32. TIGER
33. 21 SEITEN

der vorsitzende des aus-
schusses sagte, er könne es nicht
gebrauchen

es schieße hinaus, sagte er, in
zu viele richtung-
en.

wirf es auf den müll-
haufen, sagte er,

draußen, dort, wo die wild-
blumen wachsen

33 Gedichte

DER MANN MIT DEN GROSSEN ALLGEMEINEN ANSICHTEN
EINE FABEL

Es gab einen Mann, der sagte: »Warum Kuchen essen, wenn Brot alles ist, was du willst? Warum den Zuckerguss essen, wenn Kuchen alles ist, was du willst? Warum Kuchen und Zuckerguss essen, wenn Brot und Süßes alles ist, was du willst?« Der Mann wurde für sehr weise gehalten und er hielt das für zutreffend.

Als er ein Haus baute, sagte er: »Warum Steine nehmen? Alles, was ich will, ist FESTIGKEIT«

Also nahm er einen großen, rauen Stein
Und auf den Stein legte er einen Knochen
Und auf den Knochen legte er eine Kiste
Und auf die Kiste legte er eine Stange
Und auf die Stange legte er einen Balken
Und der Stapel stand fünf Fuß hoch
Und schwankte

Und dann fiel er zu Boden.

Und der Mann sagte: »Warum sollte ich Zement nehmen? Alles, was ich brauche, ist KLEBRIGKEIT.«

So legte er auf den Stein etwas Schnee
Und auf den Knochen legte er Leim
Und auf die Kiste legte er Klebeband
Und auf die Stange legte er Kaugummi
Und auf den Stapel legte er Melasse

Und der Stapel stand sechs Fuß hoch.

Und der Mann sagte: »Warum sollte ich ein Dach mit Schindeln decken? Alles, was ich will, ist SCHUTZ. «

Also legte er auf den Stapel einen Hut
Und neben den Hut einen großen Schirm
Und daneben einen Gullydeckel
Und daneben einen grünenden Baum
Und daneben einen Schildkrötenpanzer

Und das Dach war zehn Fuß breit.

Und der Mann sagte: »Warum sollte ich eine Ehefrau haben? Alles, was ich will, ist IRGENDETWAS LEBENDIGES. «

1939, erstmals erschienen im Magazin *New Yorker*, Okt. 1942.

So legte er in das Haus einen Hund
Und neben den Hund legte er eine Katze
Und neben die Katze legte er einen Fisch
Und neben den Fisch legte er eine Schnecke
Und neben die Schnecke einen großen Pavian

Sie standen etwa vier Fuß hoch.

»Und warum sollte ich ein Fenster kaufen oder eine Lampe, wenn LICHT alles ist, was ich will?«

So machte er neben dem Hund ein Feuer
Und neben das Feuer legte er Glas
Und neben das Glas legte er einen Edelstein
Und neben den Schmuck einen Zitteraal
Und neben den Aal einen Teich im Wald

Der war etwa zwölf Fuß tief.

»Und der Mann sagte: Warum sollte ich ein Bett kaufen? Alles, was ich will, ist SCHLAF.«

Und so ging er schlafen
Und der Hund schnappte über
Und biss die Katze
Und die Katze fraß den Fisch
Und der Fisch fraß die Schnecke
Und der Baum fing Feuer
Und die Melasse zerrann
Und der Schnee schmolz
Und der Hut fiel herunter
Und das Dach stürzte in den Teich
Und auch der Schildkrötenpanzer
Und auch der Kaugummi
Und auch das Klebeband
Auch die Stange
Auch der Balken
Auch die Kiste
Auch der Knochen
Auch der Leim
Auch der Stein.

Was für ein Mann.

Was für ein Haus.

ZOO SCHILD

Fütter' das Eichhorn
auf eigene Gefahr.
Die Natur ist ein Wolf.

Wütendes Täubchen
aus den Ästen
fällt.

Gras wird den Fuß durchbohren.

Gras wird
die wütende Taube durchbohren.

Der See wird
die knurrende Ente verschlucken.

Besser
den Hund anleinen
fester.

Die Natur ist ein Wolf.

1941, erstmals erschienen im Magazin *New Yorker*, Okt. 1944.

wach auf, Jack,
es ist 1949

ZIRKUS

Der silberne Morgen schickt seine Vögel
Von Baum zu Baum;
Junge grüne Feuer brennen entlang des Astes;
Der Fluss fließt, aber jede Welle ist an ihrem Platz,
Muster von Messern über dem jonglierenden Strom.

Und jetzt im Süden, der Zirkus der Sonne,
Nimmt seinen Weg, errichtet das weiße Zelt,
Stellt die Dickhäuter zur Schau
Und pinnt das grüne Chamäleon an den Stoff.
Kaffeenebel ziehen übers schnatternde Kochzelt;
Das Netz der Artisten über der Manege;

Schau hin! In flammender Seide, der Akrobat,
Die Sonne tanzt auf dem Seil.

1949, erstmals erschienen im Magazin *New Yorker*, Mai 1953.

Ich wurde erschaffen aus der Ewigkeit
Und aus dem Alter,
Ehe die Erde war:

Die Tiefen waren noch nicht
Und doch war ich empfangen;
Noch flossen keine Gewässer
Aus den Brunnen.

Die Berge in ihrer schieren Größe
Waren noch nicht geschaffen;
Vor allen Hügeln
Wurde ich hervorgebracht:

Er hatte weder die Erde gemacht,
Noch die Flüsse;
Noch die Pole der Welt:
Als er den Himmel bereitete,
War ich da.

(Sprüche 8: 22–27)

DER ZIRKUS DER SONNE

Manchmal gehen wir auf eine Suche
und wissen doch nicht, wonach wir Ausschau halten;
bis wir wieder zu unserem Anfang kommen.

1949–51, publiziert von Emil Antonucci, bei *Jouneyman Books,*
New York 1959 sowie *Pendo*, Zürich 1981.

morgen

Am Anfang (am Anfang der Zeit, um das Mindeste zu sagen) waren die Zirkel: In der Leere wirbelnd, zeichneten ihre Schenkel Anfänge und Enden, Anfang und Ende in einer einzigen Linie. Die Weisheit tanzte ebenfalls in Kreisen, waren doch diese ihr Königreich: Die Sonne kreiste, die Welten wirbelten, die Jahreszeiten kamen daher, und alle Dinge drehten ihre Runden: doch am Anfang waren Anfang und Ende eins.

Und am Anfang war die Liebe. Die Liebe erschuf eine Sphäre: Alle Dinge wuchsen darinnen; die Sphäre also umfasste Anfänge und Enden, Anfang und Ende. Die Liebe hatte einen Zirkel, dessen wirbelnder Tanz eine Sphäre aus Liebe in den Raum zeichnete: Und in der Mitte tat sich ein Springbrunnen auf.

Felder wurden bereitet
für den Zirkus,
Sterne für die Schauen,
bevor auch nur ein
Elefant trampelt
und Zelte
sich bauen.

MORGENSTERNE

Hast du meinen Zirkus gesehen?
Hast du so etwas gekannt?

Bist du am frühen Morgen aufgestanden und hast
die Wagen in die Stadt ziehen sehen?
Hast du gesehen, wie sie den Platz belegen?
Warst du da, als alles aufgebaut wurde?

Hast du gesehen, wie das Kochzelt im Dunkeln errichtet wurde
beim Licht der Laterne?
Hast du gesehen, wie sie Feuer machten und ringsherum saßen
rauchend und flüsternd?

Als die ersten Strahlen des Morgens dämmerten, hast du gesehen,
Wie sie sich in Decken rollten und schliefen?
Ein wenig Schlaf, bis es Zeit war,
Die Plane auszurollen, das Zelt aufzustellen,
Wasser zu schöpfen und zu den Menschen und Tieren zu tragen;
Warst du da, als die Tiere herauskamen,
Die großen, trampelnden Elefanten, um die Stangen zu ziehen
Und die Planen auszurollen?

Warst du da, als der Morgen über die Gräser zog?
Warst du da, als die Sonne durch die Wolkenriegel lugte
Auf die Männer, die beim Feuer des Kochzeltes schliefen?
Hast du gesehen, wie der kalte Morgenwind an ihre Decken fasste?
Hast du gesehen, wie der Morgenstern am Firmament funkelte?
Hast du die Stimmen der Männer gehört, wie sie leise murmelten?
Hast du ihr Lachen gehört rund um das Feuer der Küche?
Als die Morgensterne ihre Lanzen herunterschleuderten
und den Himmel wässerten …

Hast du die Taukugeln gesehen auf den Lanzen aus Gras?
Hast du das Licht eines Sterns gesehen durch eine Welt von Tau hindurch?
Hast du den Morgen über die Wiesen wandern sehen?
Und jedem einzelnen Blatt ist der Morgen gegenwärtig.

Warst du da, als wir die Leine spannten,
Als wir den Himmel ausrollten,
Als wir das Firmament errichteten?
Warst du da, als die Morgensterne
gemeinsam sangen
Und alle Söhne Gottes vor Freude jauchzten?

Der Morgen liegt still über dem Feld. Wolken hängen darüber, dicht und voll. Das Lied des Morgens steigt auf aus dem Gras; die Sonne empfängt es und gibt es zurück an die Wolken, die sich über das Morgenfeld beugen, gefüllt vom Lied der Wiese.

Unter einem grünen Mexikanerhut aus Stroh, sehr leise und scheu, beschaut Tina den Morgen. Belmontes Kind. Ihr Haar ist braun und glänzend, glatt. Sie liebt es hinauszugehen, in ihre Landschaft. Die Luft ist sommerblau, voll von Leben, begierig, Licht und Farbe zu tragen.

Dies ist der Tag, an dem die Menschen allmählich zum Stadtrand kommen; an dem sie über das Feld gehen, im Gras, in das die Stangen geschlagen werden; Rost und Tau. Sie stehen im Morgenfeld, schauen.

»Sieh nur, wie er die Kette schleppt. Schau, wie er sie zieht!«
Sie arbeiten in weiten Pyjamas, die Elefanten winden ihre Rüssel um die Zeltstangen, heben sie mühelos, ihre Gesichter und Häute sind fein liniert, Karten von einem Land voller Berge und Flüsse:
sie bewegen sich im hohen Gras,
heben ihre riesigen, gekerbten Füße.

Die Männer sind dort als Zeugen;
»Schau, das Kamel.«
»In der Mauser, glaube ich.«
»Irgendetwas stimmt nicht.«
Innerlich weint sie.
Die große, gefüllte Polstermatte, auf der die Akrobaten landen, liegt auf dem Feld.
Die Ermatteten liegen auf ihr wie Römer; oder sitzen aufrecht darauf,
nachdenklich am Rand,
wie der kleine, großköpfige Bagonghi.
Denkt an seine Zähne. „Ich gehe in die Stadt zum Zahnarzt,
jeden Tag, jeden Tag.“
Jeden Tag eine andere Stadt.

Das Fest der Federnbüsche auf dem Lieschgras,
saftige junge Schosse streben aus dem frühen Boden,
hoch am frühen Morgen spielend, sie sind nass vom Wasser des Himmels,
berieselt von Wolken, stehend,
über die Schulter spähend zum Licht auf dem Feld;
ein Huschen von Vögeln und schau her:
Wanderer wandern im Wasser des Himmels;
Tropfen am Gras, hängende Farben: Licht der Sonne in vielen Farben,
in allen Farben, und der Tropfen steht auf dem Lieschgras
und fragt sich, werde ich zur Erde fallen oder in den Himmel steigen?

Jeden Tag auf das Fest,
heute ist das Fest der Wanderer, wandernd:
Aus dem ganzen Jahresrund heute, am Tag seines Kommens.
Wir, die arglosen Gräser, stehen auf Zehenspitzen, schauen
einander über die Schultern, schauen zum Mittelpunkt des Kreises,
zur Mitte des Feldes, wo sie die Himmelswerke spannen.
Vögel huschen über uns, ziehen Schatten durch uns.

Still wartet das Feld;
Gesegnet würde es sein mit dem Wunder der Schöpfung.
Arbeiter sind gekommen aus einer anderen Welt; wie Engel zu Besuch,
sie sprechen ihre eigene Sprache und vergraulen die Fragenden
mit Scherzen: derbe Hosen, blaue Jeanshemden, Fleisch rot
von den Elementen:
Ihre Augen blicken weit zurück und vor in die Unendlichkeit. Sie durchdringen
doch taxieren nicht:
betrachten alles vor sich mit der Unschuld des Lichts.
Seltsame Besucher, wenn sie sich treffen,
verfallen sie in Gelächter,
ihre Blicke blitzen zusammen wie Wasser im Sonnenlicht.

Sie sind diejenigen, die an den Seilen ziehen und die Zelte stellen;
Handlanger mit Gesängen und Hämmern, die Pfosten treiben, um das wogende
Firmament in Schach zu halten.

Bagonghi sagt: »Ich nehme deinen Koffer, bis Mogador aufwacht.«

Stummelig, O-beinig, schwankt er von einer Seite zur anderen, ein Schlepper
im Wellengang, als er das Feld überquert
und die Tasche zwei Zentimeter über dem Boden hält.
Er öffnet die weite Tür des Wagens, steht auf Zehenspitzen,
schwingt den Koffer ins Dunkle. » So passiert ihm nichts, bis
Mogador aufwacht.«
Er kommt zurück, lässt die Tür angelehnt.

Der Boden des Feldes ist reich und fruchtbar, doch wer
wird das Gras fressen? Pferde, Kamele, Zebras.

Ein Lied steigt auf vom Boden, Kräuter vom Feld.
Wer wird das grüne Gras wachsen sehen; wer wird
das Lied der Erde hören?

Kinder, die kommen, um zu sehen, wie das Zelt am Morgen aufgestellt wird.

Drei Masten stehen auf einem Meer von Planen. Ein Seilstrang schlingt sich von einem zum anderen, fällt im sanften Bogen zu Boden. Bagonghi schwingt seine Hand in der Luft dieser Geste entgegen.

»Schau! Das Zirkuszelt!«

Wer streckt ihn aus, den Baldachin des Morgens?

(Wissend um das Wunder, von ihr geboren zu sein, hoffend, einen Sohn hervorzubringen, einen Baum, in dessen lachendem und zartem Schatten die Kinder der Unschuld sich erfreuen können, wartete das Feld.)

Wir haben alle Tage der Schöpfung an einem Tag gesehen: dies ist
der Tag der erwachenden Morgendämmerung und auf dem ganzen Feld
bewegen sich Leute, sie kommen, den Herrn zu preisen:
Und jetzt ist der erste Tag der Schöpfung. Wir waren da
an jenem Tag und wir hörten Ihn sagen: Es werde Licht. Und
wir hörten Ihn sagen: Es werde das Firmament; und Wasser und
trockenes Land, Kräuter, kriechendes Getier, Vieh und Menschen. Wir waren
da am Anfang, denn wir waren da am Morgen,
und wir sahen, wie das Zelt errichtet wurde und wir haben erfahren, wie
es war am Anfang. Wir haben die Schöpfung
des Firmaments erfahren; und des Wassers, und des trockenen Landes, und
des wimmelnden Getiers in der Tiefe, und der Geschöpfe
auf dem Lande , und die Schöpfung der Menschen:
Das Erwachen der Akrobaten. Wir wussten um diese Dinge seit
dem Anfang des Morgens, denn wir sind früh erwacht. Wir erhoben uns
und kamen zum Feld.

Sie schlummern spät, die Akrobaten;
Sie schlafen und wissen nicht, dass die Sonne schon am Himmel steht.

Weder weckt der Herr sie auf,
Noch berühren die Strahlen der Sonne sie.

Und der Herr, der sie erwählt hat,
Der Herr, der sie erschaffen hat,

Lässt sie schlummern, bis es Zeit ist.

Langsam, langsam, Seine Hand an der Lyra des Morgens
Spielt eine Musik in ihrem Schlaf.

Und sie wenden sich, wundern sich
Die Augen wach zum Licht des Morgens.

Sie erheben sich, steigen auf von ihren Betten,

Sie erheben sich und hören die leichten Lüfte spielen

Lieder des Lobes für den Herrn.

Der Zirkus ist ein Lied des Lobes,

Ein Lied des Lobes für den Herrn.

Die Akrobaten, Seine Auserwählten,
Jubeln auf ewig in Seiner Liebe.

Mogador kommt das Feld entlang,

»Da ist er!«

Er wandelt auf der Erde wie ein rotierender Ball: wissend
und jubelnd in seinem Sinn für Balance:
Er erfreut sich an den Achsen und Hebeln, Wippen, Trampolinen, Hochseilen,
Schaukeln, den Netzen, Tauen und Ringen des natürlichen
Universums.

Unter seinen Füßen ist die Welt elastisch, dünn und lebendig wie ein Springseil.
Er steht obenauf, in der Schwebe,
ein Kreisel am Randes eines Glases,
gehalten vom Wirbeln eines inneren Rades.

Er durchschreitet die Trommel aus Licht und Luft, seine
Hand vor sich ausgebreitet.
Der Moment ist eine Sphäre, die sich mit Mogador bewegt.

nachmittag

AKROBATEN LIED

Wer ist es, für den wir nun auftreten,
Tänzelnd auf dem Seil:
Für wen steigt der Junge
Die Leiter hinauf,
Balanciert und wirbelt –
Für wen,
Gesehen oder ungesehen
In einem Schild aus Licht?

Gesehen oder ungesehen
In einem Schild aus Licht,
Im Dach des Zeltes,
Wo Strahlen hereinströmen,
Die Windrad-Drehungen
Der Akteure sehen,
Tanzend
Im Licht:

Liebe Frau,
Wir sind die Akrobaten;
Jongleure;
Artisten;
Laufen auf dem Seil,
Tanzen in der Luft,
Schwingen auf dem hohen Trapez:
Wir sind Eure Kinder,
Fliegen in der Luft
Dieses Lächelns:
Jubeln im Licht.

Liebe Frau,
Wir treten vor Euch auf,
Laufen in fröhlicher Disziplin,
Ein dünner Faden Mut,
Ein schmales Hochseil der Abhängigkeit
Über Abgründen.

Was wissen wir darüber,
Wie und wohin wir gehen?
Nur diesen Schritt,
Diese Bewegung,
Vorbei schon, während wir sie benennen.
Hier
Auf dem dünnen
Rand der Welt
Wenden wir uns zu unserer Lieben Frau,
Die uns mit Leichtigkeit hält:
Wir verlassen das Seil,
Verlassen die Leine,
Verschwinden
Ins Licht.

Das Zelt ist durchtränkt vom Licht des Nachmittags. Gefüllt von Geräuschen.
Pilger wandern hinein am breiten Tor, voller Verwunderung.
Welch eine Größe!

Wallende Wände.
Reihen von Sitzen.
Kann dies an einem Tag erbaut worden sein?

Sie treten herein; Eltern zuerst: Sie haben schon mehr gesehen.
Aber schau: Ein Kind geht voran.

Voller Staunen; das Zelt ist fremd;
Zirkuspferde, Zirkusmenschen.
Clowns stammen aus einem weit-entfernten Land.

Das Zelt sperrt den Wind aus und die Hitze, den Staub, den Regen und schließt das Licht ein.

Durch das breite Tor: Sie rollen herein wie Murmeln; erst ein paar und dann viele.
Die Öffnung des Zeltes führt zum Platz davor; Künstler kreuzen,
ihre gefiederten Hüte wackeln; ihre roten und goldenen Umhänge
blähen sich im Wind

Die Familie
Sie rennen federnd in die Manege,
Führen ein Pferd mit sich
Und lassen zwei andere zurück auf dem Gang.
Ein Tusch der Trompeten.
Die Cristianis nähern sich der Mitte der Manege,
Heben ihre Hände,
Lächeln
Und verbeugen sich.
Wieder spielt die Musik;

Das Pferd trottet im Rhythmus rund um die Manege,
Fünf Cristianis stehen in einer Reihe,
Treten auf der Stelle,
Im Rhythmus mit den Hufschlägen.
Auf das Signal von Lucio
Rennen sie quer über die Manege,
Um das Pferd zu treffen,
Wenn es ankommt.
Sie springen, als es da ist
Und landen alle sitzend auf seinem Rücken.

Applaus.

Das Pferd trabt eine halbe Runde;
Die Reiter entspannt
Heben Ihre Hände, um zu zeigen, wie leicht es geht.
Dann springen sie ab,
Belmonte zuerst,
Corky,
Ortans,
Mogador,
Oscar.
Noch einmal heben sie die Hände und lächeln.

Wieder Musik,
Das Pferd trabt erneut los
Und die Jungs
Belmonte,
Mogador,
Oscar

Springen auf seinen Rücken,
Landen stehend mit erhobenen Händen.
Sie springen jeder für sich,
Aber reiten zusammen.

Als sie wieder vorbeikommen,
Tritt Lucio,
In weiten Hosen,
Übergroßer Jacke und mit abgewetztem Hut
Vor das Pferd.

Die Jungs rufen: »Hey, geh aus dem Weg!«
Lucio bleibt stehen.
Die Jungs springen herunter vom Pferd.
»Geh aus dem Weg. Was ist los? Bist du betrunken?«

Lucio zuckt mit den Achseln,
Läuft zum Rand der Manege,
Setzt sich, denkt nach.

Wieder Musik.

Die Jungs wollen gerade wieder zum Pferd,
Als Lucio durch die Manege schlittert,
Purzelbäume durch die Beine des Pferdes hindurch
Über den Rand der Manege
Auf den Gang.

Keuchen.

Er versucht es noch einmal von draußen.
Purzelbäume durch die fliegenden Hufe hindurch
In die Manege.

Er nimmt eine Bambusstange
Und schwingt sich herrlich
Auf den Rücken des Pferdes.
Bebend landet er,
Steht auf einem Fuß,
Rudert mit den Armen,
Wird wohl sicherlich fallen.

Schreie.

Doch schließlich findet er es:
Sein Gleichgewicht
Sicher,
Beide Füße fest gepflanzt,
Lehnt er sich zurück,
Daumen in den Taschen:
Niemals kommt ihm ein Zweifel.

Er zieht eine Zeitung aus seiner Tasche,
Schlägt sie auf, beginnt zu lesen,
Dreht sich dann,
Noch immer lesend,
Macht einen ausladenden Schritt
Über den Schweif des Pferdes hinweg,
Wie ein alter Mann,
Der aus einem Bus aussteigt.

PENELOPE UND MOGADOR

Einmal fragte Penelope, die Seiltänzerin, Mogador
Wie er denn so anmutig landen könne nach einem
Salto auf dem Pferderücken.
Mogador sagte:
    Es ist wie ein Wind, der mich umgibt
    Oder eine dunkle Wolke
    Und ich bin darin,
    Und es gehört mir
    Und es gibt mir die Kraft,
    Diese Dinge zu tun.
Und Penelope sagte, Oh, das ist es also.
Und Mogador sagte, Ich glaube, ja.
Am nächsten Morgen in der Manege sprang Mogador auf dem Pferd.
Er saß seitwärts darauf und trabte um die halbe Manege;
Dann stand er auf dem Rücken des Pferdes mit nur einem Satz;
Er ritt die Runde und balancierte leichtfüßig im Rhythmus der Musik;
Er vollführte einen gespreizten Spung – berührte seine Zehen mit den Händen;
Und einige Entrechats – seine Beine in der Luft geflochten
Wie ein Tänzer:
Dann warf Oscar ihm einen Reifen zu,
Mogador schleuderte ihn in die Luft und wirbelte ihn herum.
Er fing ihn,
Sprang hoch
Und machte einen Salto hindurch!
Er dachte:
    Ich bin eine Flamme,
    Eine dunkle Wolke,
    Ein Vogel;
    Ich werde landen wie ein Frühlingsregen
    Auf einem Bergsee
    Zur Freude von Penelope
    Der Seiltänzerin;
Er landete auf einem Fuß, verlor die Balance, ruderte wild mit den Armen
Und fiel vom Pferd.

Er schaute zu Penelope,
Sprang wieder auf,
Ein kurzer Entrechat
Und Oscar warf ihm den Reifen zu.
Er wirbelte ihn in die Luft und fing ihn.

Er machte einen Salto hindurch
Und er dachte:
    Wie eine dunkle Wolke und ich bin darin;
    Es gehört mir
    Und es gibt mir die Kraft,
    Diese Dinge zu tun.
Er landete auf einem Fuß, verlor die Balance, ruderte wild mit den Armen
Und fiel vom Pferd.
Penelope, die Seiltänzerin, blickte sehr gelassen drein.
Mogador schwang sich wieder aufs Pferd.
Oscar runzelte die Stirn und warf ihm den Reifen zu.
Er schleuderte ihn in die Luft und fing ihn;
Sprang hoch und machte einen Salto hindurch.
Er dachte:
    Ich bin ein Vogel und werde landen wie ein Vogel!
Er landete auf einem Fuß, verlor die Balance, ruderte wild mit den Armen
Und fiel vom Pferd
    Nun, in der Cristiani-Familie, wenn du dreimal herunterfällst,
    Packen sie dich am Ohr,
    Beugen dich vornüber
    Und einer der Brüder
    Tritt dich.
Und dies taten sie mit Mogador.
Dann begann die Zirkuskapelle wieder zu spielen.
Und Mogador schaute zu Penelope:
Dann schaute er auf das Pferd und schnalzte mit der Hand das Ohr;
Er sprang aufs Pferd und landete elegant;
Er stellte sich auf mit einem Schwung und fing den Reifen;
Er drehte ihn in der Luft und fing ihn wieder;
Und dann machte er einen Salto hindurch.
Er dachte an nichts,
Er machte einfach nur den Salto –
Und landete mit beiden Füßen auf dem Rücken des Pferdes.
Dann ritt er einmal um die halbe Manege
Und ging ab mit einem schönen Scherensprung.
Penelope applaudierte,
Umfasste ihre Hände über dem Kopf, schüttelte sie
    Wie ein Boxer.
Mogador schaute zu ihr,
    Dann zurück zum Pferd,
Und mit einer Geste beider Arme sagte er:
Das war doch gar nichts.

ORTANS

Ortans steht am einen Ende der Wippe:
Mogador und Belmonte,
Aus der Höhe von zwei Tischen
Springen
Hinunter
Und
Landen
Auf dem anderen Ende.

Ortans schnellt in die Luft,
Dreht sich zweieinhalb Mal
Und landet genau in einem Hochsitz.
Entspannt wie eine Stoffpuppe,
Würdevoll wie eine Königin
Schaut sie, als wäre sie schon den ganzen Nachmittag über dort oben.
Sie fläzt sich für einen Moment in den Sitz,
Wirft dem Publikum einen Blick zu
Und ein wundervolles Lächeln.

Dann steigt sie anmutig herab
In die Arme ihres Bruders;
Hebt ihre rechte Hand,
Macht einen Knicks auf Zehenspitzen und verschwindet.

LA LOUISA

Ihre Zehen berühren beinahe das Dach des Zeltes;
Sie streckt sich aus, ist balanciert auf der Wölbung ihres Rückens,
Ihre Zehen sind gespreizt,
Ihre langen, dünnen Beine ausgestreckt vor ihr,
Ihr Bauch ist gestrafft,
Ihr ganzer Körper halb-entspannt.

Ihre Arme voller Anmut hinter dem Kopf,
Die langen Haare wehen ihr hinterher, als sie nach vorne schwingt:
Da ist eine Blume in ihrem Haar,
Sie küsst ihr den Kopf als sie zurückschwingt.

Vor und zurück,
Vor und zurück.

Jetzt fällt sie.
Mit dem Kopf voran:
Ihr Haar
Und die Blume
Stürzen zu Boden.
Schau weg!

Precipito –
Volissimo –
Volmente!

Sie hat sich gefangen,
Hängt an ihren Füßen;
Sie schwingt vor und zurück,
Ihr Rücken wundervoll gewölbt,
Ihre Hände und Finger sicher,
Die Blume fliegt in ihren langen Haaren.

Sie zieht sich hoch,
Hängt an ihren Händen,
Packt das Seil zwischen die Beine,
Gleitet daran herunter zu Boden.

Verbeugt sich anmutig,
Empfängt den Applaus
Mit ausgestrecktem Arm
Und verlässt die Manege.

Unsere Träume haben die Löwen gezähmt,
haben Pfade in den Dschungel geschlagen,
friedvolle Seen; sie haben neue
Eden errichtet, ewig-süß und ewig-sich-wandelnd.
Am Tag von Stadt zu Stadt tragen wir
Eden in unseren Zelten und bringen seine Wun-
der den Kindern, die ihren Traum
von einem Zuhause verloren haben.

abend

Sie sind jetzt hier mit mir, die goldenen Menschen; ihre Glieder ineinander verflochten in goldenem Licht, bewegen sie sich in einer schweren See der Erinnerung: sie kommen, die Schönen, mit abendlichem Lächeln: Menschen mit schweren Lidern, dunklem Haar und sanftem Ausdruck, deren Augen Tore sind zu einem Land der Abenddämmerung. Ihre Melancholie nimmt mich nun ein: Traurigkeit der Prinzen und der Prinzensöhne: Der melancholische Blick derer, die ich nicht mehr gesehen habe seit meiner Kindheit.

Denn die Kindheit war voller Wunder, voller Traumbilder: Der Junge auf dem Pferd, in einem Traum oder in der Ebene, herannahend: die beiden Mädchen, Sinti und Roma, die beieinander standen und die geheimnisvolle Frage stellten. Wahrheit und der Traum vermischten sich in ihren Augen, und ich konnte nicht sagen, wer von beiden gesprochen hatte.

Abermals sind sie nun hier mit mir, Goldene, leben ihren Traum in langen Nachmittagen des Sonnenlichts; ziehen ihre Wagen in die durchwachten Nächte.

Nach dem Abendessen Licht auf den Feldern, Steppe, langes, gelbes Licht auf sprießenden Feldern, Felder schauen auf Gräser singen hohe Gräser singen gelbes Licht auf grünem Gras wachsend, der weite runde Horizont, das lange ermattete Licht auf dem Feld und das grüne Gras sehnt sich nach oben, strebt zum Himmel zur Himmelskuppel das Gras wächst hoch zum Himmel und das Licht stirbt, die Sonne ermüdet schläfrig lächelnd legt sie sich nieder, mit einem seufzenden Lied, ein langes lächelndes Seufzen über den Feldern und das Gras steigt auf, ein dünnes Gebet steigt auf in die Luft gewebt über dem Feld zum Himmel der Himmelskuppel dünn und aus leichter Luft die Kuppel über dem Feld und das Feld atmet die Luft volles reiches goldenes Gras süß duftend und müde während die Sonne stirbt die Sonne sich legt, um tief im Westen zu sterben.

Die Stadt des Sonnenuntergangs bebte im Feuer, die Luft bebte in glühendem Licht, eine glühende Klarheit streckte sich aus nach Westen über die Wege, die Zungen der Luft leckten an den Gebäuden entlang, die Flügel der Flammen schwebten über den Kirchen und Häusern, den Kirchtürmen und Kaufhäusern der weiten, flachen Stadt, die sich zur See hin streckt. Der Weg war wie ein Trommelfell gespannt über den hohlen Kessel des Bodens, die hohle Dunkelheit unter dem Weg hallte laut, als er in Richtung des Sonnenuntergangs lief und Straßen leuchteten wie eine Trommel im Feuerlicht, wie ein Trommelfell leuchteten der Weg und die Straße, als er in Richtung des Lichtes lief, langsam in Richtung des Lichtes lief durch die glühende Klarheit der brennenden Luft, die sich jetzt abkühlte mit dem Abend und der untergehenden Sonne. Wände aus Glas spiegelten das Feuer der Sonne, nahmen ihr Feuer auf, wurden entzündet und loderten hell und so war er, während er durch die Trommelfell-Stadt lief, ummauert von Feuer und lief in Richtung des Feuers und in diesem Feuer waren dunkle Höhlen, dunkle Toröffnungen in den Mauern aus Feuer, Pforten in den Messingscheiben, wo die Männer auf Klappstühlen saßen und warteten, während die Welt sich drehte, kahlköpfige Männer saßen auf Klappstühlen und warteten, während die Welt sich drehte, ihre Trommelfell-Köpfe fingen Feuer von der Sonne, entzündet und lodernd, waren Kupfertrommeln und Messinghelme, schimmernd über den Trommelfell-Wegen, jeder in seiner dunklen Pforte umschlossen, auf seinem Klappstuhl kippelnd, in der Dunkelheit des Tores; Messingtöne in den Wänden aus Glas. In der glühenden Stadt saßen sie auf Klappstühlen und warteten, während die Welt sich drehte.

Dies ist unser Lager; unsere umherziehende Stadt; jeden Tag bereiten wir die Schau vor: Jongleure ruhig inmitten des Treibens, fahren in die Welt, durchgeschüttelt und doch leicht wie in einer Sänfte, auf der grau-gerunzelten Erde fahren wir wie auf dem Kopf eines Elefanten.

DER STAUB DER ERDE

Der Staub des Tages hängt in der Luft,
Staubkörner im Licht,
Der Staub der trampelnden Menge,
Der Staub der vorbeiziehenden Elefanten,
Staub, den niemand rührte, bis der Zirkus kam,
Hängt dort wie ein Schleier!
Staub der Erde
Liegt in der Dämmerung,
Bewegt sich leise
Jede Sphäre
Jedes Molekül
Liegt in der Luft,
In der erwachenden Dämmerung
Könnte
Wirbelnd
Zur Erde werden
Zu Planeten,
Das Grün der Schöpfung nähren
Der umherwandernden Tiere und Menschen,
Könnte aus seinem eigenen wachsenden Grün aufsteigen
Weiße Wolken und dunkle
Lebendig in Blitzen,
Könnte sich in Meeren kräuseln
Mit Flüssen fließen
Die Wasser spiegeln
Die Berge und Himmel.

Doch woher kam das erste Staubkorn,
Die erste gleitende Sphäre?

inmitten

Die Malereien an den Wänden der Schaubuden,
Die Banner und Zeichen
Sind dunkel und fremd:
»Schau auf den zweiköpfigen Jungen, das Wunder ohne Arme,
Den Löwenbändiger,
Die Musikkapelle aus Harlem,
Die junge Robbe,
Den Schwertschlucker,
Feuerschlucker,
Die tätowierte Frau,
Schlangenbeschwörer
Und den Mann, der seine Frau mit Messern bewirft.«

In der dunkler-werdenden Dämmerung,
Den Überresten des Sonnenuntergangs.
Banner
Heraldisch und fremd:
Beowulf lebt hier,
Oger darinnen,
Doch fröhliche, fremde Musik,
Komm herein und schau,
Bleib nur unschlüssig inmitten stehen
Schon bald kommst du herein und schaust.

SCHLANGENBESCHWÖRERIN

»Siehst du diese Schlange?
Sie schaut furchterregend aus, nicht wahr?
Doch im Südwesten, von wo ich stamme,
Halten wir sie wie Katzen, um Mäuse zu fangen.«
Sie streichelt den Kopf,
Biegt sie sanft
Und legt sie zurück in die Kiste.

Sie nimmt eine größere heraus,
Hält sie mit beiden Armen hoch:
»Dies hier ist die gleiche Art von Schlange,«
Sagt sie,
»Nur größer.«

HUNDESCHAU

Mädchen mit weißem Cowboyhut, Juwelenkette;
weißes Hemd juwelenbesetzte Ärmel;
weiße Stulpen juwelenbesetzt mit Blumen und Sternen;
Rock, weißes Wildleder, gefranst;
hochhackige Stiefel mit Sporen und Juwelen,
weiß mit rotem Innenfutter,
schreitet durch ein Rudel kleiner weißer Hunde.

Bellen, tänzeln, durch Fässer laufen,
Leiter hochklettern, Tisch erklimmen,
Purzelbäume schlagen,
springen auf ihr zischendes Kommando hin
durch kleine glänzende Reifen.

COLONEL ANGUS

»Ich kann mich nicht erinnern, wo genau dort draußen er lebte, sagte der Colonel.
»Ich glaube, es war … aaaah! Dieser Löwe!«

Es war Zeit für ihn weiterzugehen;
Der Löwe wusste es und brüllte.

Der Colonel ging hinein in den engen Käfig, bei sich einen Klappstuhl und eine Peitsche.
Der Löwe, groß und staubig, knurrte und schlug nach ihm,

Dann brüllte er,
Angus knallte mit der Peitsche,
Der Löwe duckte sich und sprang.
Offenbar erschrocken,
Ließ der Dompteur seinen Stuhl fallen,
Hastete hinaus aus dem Käfig,
Schlüpfte durch das Eisentor und schloss es rasch hinter sich.
Dem Publikum stockte der Atem.
Der Löwe, rasend, blieb zurück und stand mit seinen Pranken
Am Tor.

»Ich glaube, es war Pasadena!« sagte der Colonel und ging leichtfüßig
Die Stufen hinunter.

GLEICH KOMMT DER AKROBAT

Der Star der Reiternummer ohne Sattel,
Gekleidet in einem dunkelroten Umhang mit hohem Kragen,
Schwarze Augenbrauen,
Wartet mit den anderen
Darauf hineinzugehen:

Bereit, das gleißend-gelbe Licht
Des Zeltes
Zu betreten,

Stand er auf einer Insel,
In sich versunken.

Mit einundzwanzig
War sein Universum durcheinander geraten.

Die Sterne stürzten;
Planeten zogen ihre Bahnen
Auf knirschenden Achsen:

Die Krone der Sterne in schwarz
Saß schief.

Wolken zogen auf,
Donner rollte;
Er war allein,
Edel betrübt,
Wartete einen Moment.

Er wartete herausfordernd,
Jung und einsam,
Im Innern trauernd,
Seine Aufmerksamkeit gerichtet auf den schwarzen, glühenden Strom
In seinen Gedanken,
Er würde keinen Trost finden.

Schnelle Wasser,
Hereinbrechende Dunkelheit:
Nur er allein konnte es hören.

Er hortete das Geräusch,
Deckte seinen Umhang darüber:
Bitter und gespannt,
Doch es war seins:

Jugendliches Geheimnis,
Schwarz und schwelend
Nicht das der Menge;

Es war sein eigener Kummer
Und weil eigen
Kostbar.

Wer die Geschichte
Der Cristianis erzählt
Von ihren ersten Anfängen
Und von der Geburt vor langer Zeit
Und von ihrem Aufstieg von der Erde
Zum Glanz des Sonnenlichts,
Der erzählt von der Schöpfung
Und der Herrlichkeit
Des Aufstiegs
Und des Falls.
Und vom erneuten Aufstieg
Wohin wir alle aufsteigen;
Denn jeder Erlöste
Steigt wieder auf.

Das Spinnen der Sonne
Das Spinnen der Welt
Die Spanne der spinnenden Sonne
Auf der Welt in ihrem Gang
Sind alle Teile der Geschichte
Von allem Anfang an;
Und wenn sie spinnt
So soll es kein Aufflechten mehr geben.

Mogador geht neben dem Pferd.
Seine Augen sind ernst, voller Gedanken.
Sein Mund, ein Stück weit geöffnet vom Rennen und Atmen.
Er lächelt sachte.
Seine Lippen sind schmal.

Während er läuft,
Die Knie beugt,
Leichtfüßig neben dem Pferd her tanzt,
Ist er im Schritt mit dem Pferd.

Beide landen sie leicht.
Beide springen sie hoch von der Erde;
Ihre Bewegung durch die Luft.
Ihre Füße gleiten leicht auf die Erde
Und stoßen sich wieder ab von ihr.

Und während sie steigen und sinken,
Steigen,
Fliegen
Und (augenblicklich) sinken,
Steigen ihre Köpfe ebenso
Und sinken in gleichmäßigem Rhythmus.

Sie steigen
Und das Haar der Pferdemähne schmiegt sich an ihn,
Deutet zur Erde.

Sie fallen herab
Und jedes Haar der weißen langen Mähne
Bleibt zurück in der Luft

Auch das Haar des Jungen,
Schwarze Seide,
Legt sich an als er steigt;
Wächst dann in die Luft,
Fällt sanft über seine Stirn
Als er zur Erde fällt.

Sie umrunden die Manege.
Der Junge auf der Innenseite.
Das Pferd trabt dicht an der Bande.

Der Junge und sein Pferd, als sie die Manege
Umrunden, sind Junge und Pferd auf
Blaugrünem Feld: Seine Hand auf dem
Rücken des Pferdes, das Pferd für ihn so nah wie die Hand.

Sie beenden die Runde, der Junge ist nicht mehr zu sehen.
Doch jetzt, schau hin!
Er fliegt über das Pferd, hält einen Schulterriemen.
Seine Füße fliegen hinterher.
Seine Zehen beieinander, spitz wie geschlossene Scheren.
Jetzt spreizt er sich,
Sitzt auf dem bloßen Rücken
Seine Zehen zeigen zum Boden
Der unter ihnen wirbelt.
Seine Arme sind entspannt in die Luft gereckt.

Er reitet mühelos,
Beinahe ohne Berührung,
Seine Arme in der Luft.
Dann schnellt er hoch
Und mit einer Pirouette beginnt sein Tanz.
Was begann
Als ein Gang
Übers Feld
Ist verwandelt
In ein Ritual.

RASTELLI

Sie lieben es, die Geschichte von Rastelli zu erzählen
Beim Zirkus
Ist er ein Held
Nicht weil seine Arbeit gefährlich war
Sondern weil er ausgezeichnet darin war
Und weil er ausgezeichnet war als ein Freund.

Er konnte gut jonglieren
Gut Erzählen
Gut Kaffee kochen.

Er liebte alle
Und starb,
Um für alle zu jonglieren.

Er starb
Sagte Oscar mit gedämpfter, geheimnisvoller Stimme
Als er 33 war

Dem Alter unseres Herrn

Sie liebten Rastelli
Und er liebte sie
Ihre Liebe brannte zusammen
Eine hohe Flamme

Stieg auf zur Sonne des Seins

Rastelli war ein Jongleur und auf eine Art die Sonne
Seine Keulen und Fackeln und Reifen
Umkreisten ihn wie Planeten
Gehorchten und erwarteten seine Kommandos
Er bewegte alle Dinge gemäß ihrer Natur
Sie waren bereit, wenn er sie fand
Und er bewegte sie gemäß ihrer Liebe.

So wie Tänzer im Einklang sind, spiegelten die steigenden fallenden Planeten
Seine Bewegungen.
Steigen, Fallen, Rotieren, Drehungen vollführen
Auf der Achse seines Wunsches.

Die Keulen ruhten, er weckte sie und schickte sie zum Kreisen;
Von wo aus sie wieder flogen, fliegend und fallend,
Sich drehend und stehend für einen Moment in der Luft,
Sie schienen es zu lieben, seinen Kommandos zu gehorchen
Und tanzten mit dem Jongleur.

Da er sah wie die Welt tanzen wollte
Liebte Rastelli die Schöpfung,
Und durch die Schöpfung den Schöpfer
Und durch den Schöpfer wieder die Schöpfung
Und durch die Schöpfung den Herrn.

Er liebte die Welt und was er jonglierte,
Er liebte die Menschen, für die er jonglierte.
Keulen und Reifen konnten seine Liebe erwidern:
Umso mehr konnten es die Menschen.

Liebender und Jongleur
Bewahrer des Lichts
Er lebte und starb in der Manege
Tanzte tadellos
Bewegte alle Dinge gemäß ihrer Natur

Und dort, vor dem Herrn, tanzt er noch immer.

Er ist bei uns beim doppelten Salto;
Dem Dreistand auf Schultern;
Er ist bei uns bei der Arabischen Pirouette und der Großen Nummer
Auf dem Pferd.
Und in den langen Nächten
Fährt er die Lastwagen zwischen den Städten, Rastelli ist bei uns.
Begleiter,
Vorbild,
Held in der Nacht der Erinnerung.

Er stand vor dem Lastwagen für die Pferde, wartete auf die Rückkehr Mogadors und begann zu pfeifen. Gegenüber auf dem Feld hatten die Männer die Zeltwände abgebaut und liefen umher im dämmrigen Licht unter dem Dach, sammelten Kisten zusammen, Seile und Gerätschaften und packten sie ein.
Er begann, eine Melodie zu pfeifen aus den Tiefen seiner Seele; niemals zuvor hatte er sie gehört, doch er erkannte in ihr eine Weise jenes Liedes, das seine Seele schon immer gesungen hatte, ein Lied, das er sang, seit dem Anfang der Welt, ein Lied der Heimkehr. Es war, als ob er in einer dunklen Ecke des Universums stehe und leise pfeife, durch die Zähne und die fernen Sterne lauschten aufmerksam, als ob er pfeife und weit entfernte Wellen könnten ihn hören, als ob er wenigstens ein kleines Stück vom Nachtlied der Welt gefunden hätte.

Am Tag bin ich gekreist wie die Sonne,
Bin hochgeschossen wie Feuer.

In der Nacht bin ich ein Weiser
In seiner Sänfte.

Am Tag bin ich die Fackel des Jongleurs
Wirbele leuchtend.

Wusstest du das?
Dass Menschen und Tiere
Licht und Luft,
Anmutige Akrobaten
Und Musikanten
Zusammenkommen
An einem einzigen Platz
In der Nacht ein Feld beziehen
Ihre Zelte aufstellen
Am frühen Morgen
Ihre Wunder vollführen
Am Nachmittag
Sich drehen im Schein
Ihrer Lampen am Abend?

Hast du den Zirkus sich davonstehlen sehen?
Wie er das Feld der Wunder verdunkelt zurücklässt,
Wie er die Luft, dort, wo das Zelt stand, leer zurücklässt,
Stille und Dunkelheit dort, wo Attraktionen und Klänge waren,
Und jetzt nur in der Erinnerung leben?

Hast du die Mittagfahnen
Dieser Vermählung gesehen?

DER JONGLEUR

Der Jongleur
wirft
und fängt,
steht dort,
wo das Zelt
offen ist
und übt sich
in seiner Kunst.

Über Stunden jeden Tag
mit indischen Keulen,
ständig in Bewegung;
wenn eine davon herunterfällt,
bewegt er sich langsam,
beugt sich
und streckt sich,
um sie aufzuheben.

Zwei von der rechten Hand,
zwei von der linken
und zwei und zwei fängt er auf;
eine von rechts
und eine von links,
eine von rechts
und eine von links,
fängt er sie
eine nach der anderen.

Sie gleiten
durch die Luft,
sie fliegen wie Vögel;
sie landen

1952, publiziert von Emil Antonucci, bei *The Hand Press*, New York 1956.

in seiner Hand
wie Tauben
auf den Stangen;
rotierende Keulen,
wirbelnd,
fliegende Vögel,
stürzende Kometen;
es sind Felder
sich bewegend,
Lichtfelder
sich bewegend,
kreisend,
fliegend,
bewegt
von Hand zu Hand.

Seine Hand
schickt sie fliegen,
seine Hand
bringt sie heim;
und es gibt ein Gesetz
der Erde und der Luft,
um den Vogel
wiederkehren zu lassen.

Zwischen seinen Runden
bleibt der Jongleur stehen,
hält seine Keulen,
ruht in sich,
betrachtet die Erde.

Dann wieder schnell,
behände,
mit scharfen Sinnen;
er kommandiert
und sie folgen;
er schickt sie zum Kreisen
dorthin, wo sie wollen.

Er ist hier,
ist dort,
bewegt sich schnell:
einer, der flüchtet
vor der Wolke
in den Frühling,
in eine Felsspalte,
in eine Stimme
im Innern einer Flamme.

Er lehnt sich zurück
und wirft sie
über seinen Kopf,
zwei auf einmal,
zwei auf einmal,
fängt
und wirft.

Unter seinem rechten Bein,
unter seinem linken,
unter seinem rechten Bein,
unter seinem linken;
sein festlicher Tanz
ist bloß ein Weg,
die Keulen
passieren zu lassen.

Der Jongleur
spielt,
wirft und fängt,
ruht,
kehrt zurück;
übt sich
in seiner Kunst.

JERUSALEM

vom herrlichen Jerusalem lesen,
herrliches, zerstörtes Jerusalem.

wir sind zum hafen gebracht,
wo die boote aneinandergereiht liegen
und der hohe turm auf dem hügel
und die bugschnauzen wieder aufbrechen
in den dunst

denn wir müssen suchen
indem wir hinab gehen
hinab in die stadt
nach unserem lied.
tief hinab in die stadt
nach unserem frieden.
denn dort,
liegt der frieden
zusammengefaltet
wie ein pool

dort sollten wir suchen:
von dort
wird sie erblühen.

denn das herrliche, zerstörte Jerusalem,
herrliches, trauriges Jerusalem
liegt eingerollt
unter den städten
des lichts.

denn wir gehen
nur hinab,
steigen nur hinunter
begleitet von diesem lied
dorthin, wo die städte
in dunkelheit schimmern

1954, erstmals erschienen im Magazin *Jubilee*, Feb. 1956.

oder gewunden wie wurzeln
wartend liegen
am unentdeckten
pool

welches drängen
schiebt uns
während wir hinuntersteigen?

drängen
des gesanges der stadt

drängen
des liedes;
welches sie für sich behalten hatte.

lange für sich behalten hatte.

denn niemand
hätte sie
gehört.

FRAGE

Wenn du ein Straßengeiger wärst

Und sie würden dir Geld zuwerfen
aus den Fenstern

Und der erste Zettel enthielt
ein Fünfcentstück und auf ihm stünde geschrieben:

»Wenn du spielst, tanzen wir und
singen«, gezeichnet
Eine sehr arme Familie

Und der zweite enthielt
ein Zehncentstück und auf ihm stünde geschrieben:

»Ich mag dein Spiel
wirklich sehr« gezeichnet
Eine kranke, alte Dame

Und der letzte enthielt
einen Dollar und auf ihm stünde geschrieben:
»Hau ab«

Würdest du
1. Stehenbleiben und spielen?
2. Abhauen?
3. Fortgehen und weiter deine Fiedel spielen?

1958, erstmals erschienen im Magazin *Pax (#14)*, 1961.

der hafen
sehnte sich

der hafen
sehnte sich

nicht nach
diesem schiff

nicht nach
jenem schiff

nicht nach
diesem schiff

nicht nach
jenem schiff

der hafen
sehnte sich

der hafen
sehnte sich

nicht nach
diesem meer

nicht nach
jenem meer

nicht nach
diesem meer

nicht nach
jenem meer

der hafen
sehnte sich

der hafen
sehnte sich

1960, erstmals erschienen in *Locus Solus*, 1962.

nicht nach
diesem &

nicht nach
jenem

nicht nach
diesem &

nicht nach
jenem

der hafen
sehnte sich

der hafen
sehnte sich

nicht nach
diesem &

nicht nach
jenem

einen stein
einen stein
einen stein

ich hebe
einen stein
einen stein

ich hebe
einen stein
und ich
denke

ich
denke
und hebe
einen stein

einen stein
einen stein
einen stein

ich hebe
einen stein
einen stein

ich hebe
einen stein
und ich
denke

ich
denke
dabei hebe ich
einen stein

ich
denke
und hebe
einen stein
einen stein

1960, erstmals erschienen in R. Lax: New Poems, *Journeyman Books*, New York 1962.

ich
denke
und hebe
einen stein

einen stein
einen stein
einen stein

ich hebe
einen stein
einen stein

ich hebe
einen stein
und ich
denke

ich
denke
und hebe
einen stein:

einen stein
einen stein
einen stein

einen stein
einen stein
einen stein

einen stein
einen stein

einen stein
einen stein

einen stein
einen stein
einen stein

ANDALUSISCHES SPRICHWORT

gockel
gockel
gockel

gockel
mit deinem
kopf
abgeschlagen

was
denkst
du jetzt,

du gockel,
was denkst
du jetzt
über diesen blutigen
morgen?

1960, erstmals erschienen ebd.

Die maximale Kapazität
für diesen Raum
beträgt 262 Menschen

262 Menschen

Die maximale Kapazität
für diesen Raum
beträgt 262 Menschen

1960, erstmals erschienen ebd.

formen
formen
formen

einfache
einfache
formen

einfache
einfache
einfache
einfache
einfache
einfache
formen

1960, erstmals erschienen ebd.

das erste aufwiedersehen
das zweite aufwiedersehen
das dritte aufwiedersehen
das vierte aufwiedersehen
das fünfte aufwiedersehen
das sechste aufwiedersehen
das siebte aufwiedersehen
das achte aufwiedersehen
das neunte aufwiedersehen
das zehnte aufwiedersehen
das elfte aufwiedersehen
das zwölfte aufwiedersehen
das hundert & einundzwanzigste aufwiedersehen
das hundert & vierundvierzigste aufwiedersehen
das hundert & neunundachtzigste aufwiedersehen
aufwiedersehen
aufwiedersehen
aufwiedersehen

1960, erstmals erschienen ebd.

ein vogel
zwei vögel

ein vogel
zwei vögel

zwei vögel
ein vogel

zwei vögel
ein vogel

ein vogel
zwei vögel

ein vogel
zwei vögel

zwei vögel
ein vogel

zwei vögel
ein vogel

ein

1960, erstmals erschienen ebd.

fluss
fluss
fluss

fluss
fluss
fluss

fluss
fluss
fluss

fluss
fluss
fluss

1961, erstmals erschienen in *Synapse (#2)*, 1964.

im dunkeln

im dunkeln
meine liebe
liegt
im
park

meine liebe
liegt
im park
und lauscht
dem strom

. . . .
. . . .
. . . .
. . . .

im dunkeln
im dunkeln
meine liebe
liegt
im
park

meine liebe
liegt
im park
und lauscht
dem strom

1961, erstmals erschienen in R. Lax: New Poems, *Journeyman Books*, New York 1962.

KÜRZERE GESCHICHTE DER WESTLICHEN ZIVILISATION

Ägypter
Babylonier
Perser

Ägypter
Babylonier
Perser

Juden &
Griechen

Juden &
Griechen

Ägypter
Babylonier
Perser

Ägypter
Babylonier
Perser

Juden &
Griechen

Juden &
Griechen

1961, erstmals erschienen in *The Commonweal*, Vol. LXXXV, Feb. 1962.

Christen
Christen
Christen

Christen
Christen
Christen

Christen
Christen
Christen

hurra
hurra
hurra

»bist du ein besucher?«, fragte
der hund.

»ja«, antwortete ich.

»bloß ein besucher?«, fragte
der hund.

»ja«, antwortete ich.

»nimm mich mit«, sagte
der hund.

1961, erstmals erschienen in R. Lax: New Poems, *Journeyman Books*, New York 1962.

in mir
in mir
in mir

ist der
betrachter

in mir
in mir
in mir

ist der
betrachter

in mir
ist der
betrachter

in mir
ist der
betrachter

in mir
in mir
in mir

ist der
betrachter

1961, erstmals erschienen ebd.

jede
nacht
in der
welt

ist eine
nacht

im
hospital

1961, erstmals erschienen ebd.

DIE BOMBE
SZENARIO FÜR EIN AUDITORIUM

ca. 1961, unveröffentlicht.

Szene: ein öffentlicher Platz. Große Stadt. In der Mitte: ein Brunnen. Leute laufen umher, reden

STIMMEN:
jabba
jabba
jabba
jabba

wook
wook
wook
wook

jabba
jabba
jabba
jabba

wook
wook
wook
wook

jabba
jabba
jabba

wook
wook

w …

[unterbrochen]

GERÄUSCHE:
sirene
[alarm]
stille
[12 sekunden –
24 sekunden]

STIMMEN:

[fortsetzung]

jabba
jabba
jabba
jabba

wook
wook
wook
wook

jabba
jabba
jabba
jabba

wook
wook
wook
wook

jab …

GERÄUSCH:
sirene
[wieder
stille
32 sekunden]

STIMMEN:

[langsam
fortsetzend:]

jab
jabba
jabba

jabba
jabba
jabba
jabba

wook
wook
wook
wook

jabba
jabba
jabba
jabba

wook
wook
wook
wook

[lauter]

wook
wook
wook
wook

jabba
jabba
jabba
jabba

wook
wook
wook
wook

jabba
jabba
jabba
jabba

wook
wook
wook

GERÄUSCH:

B W U U M !
[Die Bombe.]

Der Platz ist geflutet von weißem (und zur selben Zeit vielfarbigem) Licht.
Ein ohrenbetäubendes, splitterndes, schreiendes Geräusch,
das für 3 – 4 – 5 – 6 Sekunden anhält.
Dann Dunkelheit.

Dann das Wiederaufscheinen von grauem Licht auf Ruinen.
Verbogener Brunnen, zusammengestürzt.

SCHEINWERFERLICHT: Eines kräftig, pink; eines blau, schießen eins nach dem andern durch gedimmtes Tageslicht, picken Figuren heraus: Mann um den Brunnen herumdrapiert; Frau auf dem Rücken liegend über einer Bank oder einem Stein. Menschliche Figuren wie Puppen, gestapelt. Horrormasken. Ein Mann, am Leben, torkelt, schleicht über die gesprengte Bühne [von links nach rechts], bitter weinend. Hält er ein Kind?

MEER & HIMMEL

1963, erstmals erschienen in *The Lugano Review*, Vol. I. (# 3–4), Sept. 1965.

I.

sie
stöhnen

warum
stöhnen
sie

die
menschen
stöhnen

warum
stöhnen
die
menschen

die
nationen
stöhnen

warum
stöhnen
die
nationen

?

warum
stöhnen
die
nationen

&
warum
wiederholen
sie
eine
nutzlose
sache

?

die
wolken

die
wolken

stei-
gen
auf

(über
dem
meer)

der
winter

der
winter

(kom-
mt
nun)

sitzt
näher

bei-
sam-
men

sitzt
näher

auch

zur
erde

(denn
die
kälte

kommt
herbei)

die
erde

die
erde

in
all
ihren
jahreszeiten

in
all
ihren
jahreszeiten

in
all
ihren
jahreszeiten

die
erde

die
erde

die
erde

nicht
so
&
so
&
so
&
so

sondern
so
&
so
&
so

nicht
so
&
so
&
so
&
so

sondern
so
&
so
&
so

ein
be-
stimmter
rhythmus

ein
be-
stimmtes
gewahr-
sein

wahr-
genom-
m’n
zu
werden

be-
mer-
k’d
zu
werden

ein
be-
stimmter
rhythmus

ein
be-
stimmtes
gewahr-
sein

(in
all

dem
wandel

der
tage)

prei-
sen

diesen
mo-
ment

mit
seinem

ganz-
en
herzen

gab
ihm
herz

gab
ihm
herz

für
das
nächste

prei-
sen

dieses

mo-
mentes

mit
seinem

ganz-
en
herzen

gab
ihm
herz

gab
ihm
herz

für das
was
fol-
gt
e

preisen

diesen
mom-
ment

mit
seinem

ganz-
en
herzen

gab
ihm
herz

gab
ihm
herz

für das
was
fol-
gt
e

preis-
en

diesen
mo-
ment

mit
seinem

ganz-
en
herzen

gab
ihm
herz

gab
ihm
herz

für das
was
fol-
gt-
e

das
licht

das
licht

das
auge

das
auge

das
auge

das
auge

das
licht

das
licht

das
licht

das
licht

das
auge

das
auge

das
auge

das
auge

das
licht

das
licht

die
sonne

die
sonne

die
stadt

die
stadt

die
stadt

die
stadt

die
sonne

die
sonne

nicht
mehr

die
sonne

nicht
mehr

die
sonne

die
stadt

die
stadt

nicht
mehr

nicht
mehr

nicht
mehr

die
sonne

nicht
mehr

die
sonne

die
stadt

die
stadt

(nicht
mehr)

die
stadt

die
stadt

die
stadt

die
stadt

die
sonne

die
sonne

die
sonne

die
stadt

die
stadt

die
stadt

die
stadt

(die
stadt

die
stadt)

die
sonne

die
stadt

die
stadt

(eine
sonnen-
lose

sta
dt)

die
stadt

die
stadt

(die
sonne)

die
stadt

die
stadt

(eine
sonnen-
lose

sta
dt)

die
stadt

die
stadt

(die
sonne)

warum
stöhnen
die
na-
tionen

warum
bangen
die
na-
tionen

warum
stöhnen
&
bangen
die
na-
tionen

(&
die
men-
schen

wieder-
holen

eine
nutzlose

sache)

?

II.

die
welt

die
welt

im
innern

im
innern

die
welt

die
welt

im
innern

im
innern

die
welt

die
welt

im
innern

im
innern

sie
singt

sie
singt

sie
singt

salz
salz

süßes
salz

keine
träne

der
wolke

keine
träne

ent-
hält

die
weis-
heit
des
meeres

salz

süßes

salz

salz
salz

süßes
salz

keine
träne

der
wolke

keine
träne

ent-
hält

die
weis-
heit
des
meeres

salz

süßes

salz

das
feuer

das
feuer

des
stachels

des
stachels

das
feuer

das
feuer

des
stachels

des
stachels

des
stachels

des
stachels

ein
feuer

ein
feuer

ein
feuer

ein
feuer

des
stachels

die
taube

die
taube

die
taube

die
taube

stürzt
herab

stürzt
herab

&
schneidet

die
luft

die
taube

die
taube

die
taube

die
taube

stürzt
herab

&
schneidet

die
luft

schau
schau

welche
kreise

sie

jetzt
flüs-
tern

flüs-
tern

durch

das
meer

schau
schau

welche
kreise

sie

jetzt
flüs-
tern

(end-
los)

durch

die
meere

die
worte

die
worte

des
himm-
'ls

ver
ed
'lt

die
worte

die
worte

des
himm-
'ls

ver-
ed
'lt

die
worte

die
worte

des
himmels

ver-
ed
'lt

ver-
ed
'lt

ver-
ed
'lt

ver-
ed
'lt

alles

das
gleiche

&
alles

das
selbe

alles

das
gleiche

&
alles

das
selbe

nic-
hts

nic-
hts

nic-
hts

verändert
sich

nic-
hts

nic-
hts

nic-
hts

neu

III.

schwarz
die
kette

&
rot
der
schuss

schwarz
die
kette

&
rot
der
schuss

rot
der
schuss

&
schwarz
die
kette

rot
der
schuss

&
schwarz
die
kette

schwarz
die
kette

&
rot
der
schuss

schwarz
die
kette

&
rot
der
schuss

straff

straff
die
saite

der
harfe

die
er
spiel-
te

straff

straff
das
lied

das
er
geler-
nt hatte
zu
ver-
fassen

straff

straff
die
saite

der
harfe

die
er
spiel-
te

straff

straff
das
lied

das
er
geschaffen
hatte

sein
ko-
rb

sein
ko-
rb

war
ge-
flochten

aus
worten

sein
ko-
rb

sein
ko-
rb

war
ge-
flochten

aus
worten

seine
worte

waren
eng
geflochten

wie
ein
ko-
rb

sein
ko-
rb

sein
ko-
rb

sein
ko-
rb

war
ge-
flochten

aus
worten

was

war
das
lied

das
sein
herz

ver-
fass-
te

was

war
das
lied

das
sein
herz

ver-
fass-
te

?

sein
herz

ver-
fass-
te

das
lied

sein-
er

liebe

sein
herz

ver-
fass-
te

seine
liebe

was

war
die
liebe

die
sein
herz

ver-
fass-
te

?

eine
liebe

eine
liebe

eine
mys-
ter-
iö-
se

liebe

was

war
die
liebe

die
sein
herz

ver-
fass-
te

?

eine
liebe

eine
mys-
ter-
iö-
se

liebe

schwarz

schwarz
der
faden

straff

straff
die
saite

rot

rot
der
schuss

mein-
er
liebe

mein-
er
liebe

schwarz

schwarz
der
faden

straff

straff
die
saite

rot

rot
der
schuss

mein-
er
liebe

ein
süßer
wind

ein
süßer
wind

weht

aus
dem
süden

(doch
meine
liebe

ist
weit

we
g)

ein
süßer
wind

ein
süßer
wind

weht

aus
dem
süden

(doch
mein
herz

singt

a-
c-
h)

IV.

alle
träume

ein
traum

alle
bot-
schaften

eine
bot-
schaft

alle
bot-
schaften

eine
botschaft

alle
träume

ein
traum

alle
träume

alle
träume

ein
traum

ein
traum

alle
träume

alle
träume

ein
traum

ein
traum

die
meere

die
meere

das
meer

das
meer

jahres-
zeiten

&
jahres-
zeiten

jahres-
zeiten

&
jahres-
zeiten

die
meere

die
meere

das
meer

das
meer

die
meere

die
meere

die
meere

alle
träume

ein
traum

alle
träume

ein
traum

die
jahres-
zeiten

die
jahres-
zeiten

das
meer

das
meer

das
meer

das
meer

das
meer

das
meer

das
meer

(das
meer

in
seinen

jahres-
zeiten)

(das
meer

in
seinen

jahres-
zeiten)

das
meer

das
meer

das
meer

die
sonne

die
sonne

das
meer

die
sonne

die
sonne

das
meer

(das
meer
in
seinen
jahres-
zeiten)

(das
meer
in
seinen
jahreszeiten)

das
meer

das
meer

das
meer

dies

sind
die
jahres-
zeiten

der
sonne

&
des
meeres

dies

sind
die
jahres-
zeiten

der
sonne

&
des meeres

die
sonne

die
sonne

das
meer

das
meer

die
sonne

die
sonne

das
meer

das
meer

die
sonne

die
sonne

das
meer

das
meer

die
sonne

die
sonne

das
meer

das
meer

und
je-
d’r

flit-
ter

ge-
tupf-
t’r

glit-
ter

singt
singt

singt
singt

und
je-
d’r

flit-
ter

ge-
tupf-
t’r

glit-
ter

singt
singt

singt
singt

die
sonne

die
sonne

ist
auf

dem
meer

die
sonne

die
sonne

ist
auf

dem
meer

die
sonne

die
sonne

ist
auf

dem
meer

die
sonne

ist
auf

dem
meer

und
je-
d’r

flit-
ter

ge-
tupf-
t’r

glit-
ter

singt
singt

singt
singt

und
je-
d’r

flit-
ter

ge-
tupf-
t’r

glit-
ter

singt
singt

singt
singt

das
wort

das
wort

ist
ein
flieg-
ender

vogel

(ein
vogel

ein
vogel

ein
vogel)

das
wort

das
wort

ist
ein
flieg-
ender
vogel:

ein
vogel

ein
vogel

ein
vogel

V.

steuere
deinen
kurs

steuere
deinen
kurs

mit
diesem

rad

mit
diesem

rad

steuere
deinen
kurs

steuere
deinen
kurs

mit
diesem

rad

mit
diesem

rad

mit
diesem

rad

mit
diesem

rad

steuere
deinen
kurs

steuere
deinen
kurs

mit
diesem

rad

mit
diesem

rad

steuere

deinen

kurs

das
meer

das
meer

(der
bus-
en

des
meeres)

das
meer

das
meer

(der
bus-
en

des
meeres)

bus-
en

bus-
en

(der
bus-
en

des
meeres)

das
meer

das
meer

(der
bus-
en

des
meeres)

das
meer

das
meer

(der
bus-
en

des
meeres)

bus-
en

bus-
en

(der
bus-
en)

(des
meeres)

bus-
en

bus-
en

(der
bus-
en

des
meeres)

wenn
ich

ein
vogel
wäre

würde
ich
fliegen

würde
ich
fliegen

hinaus
üb-
er

das
meer

hinaus
üb-
er

das
meer

wenn
ich

ein
vogel
wäre

würde
ich
fliegen

würde
ich
fliegen

hinaus
üb-
er

das
meer

hinaus
üb-
er

das
meer

hinaus
üb-
er

das
meer

hinaus
üb-
er

das
meer

würde
ich
fliegen

würde
ich
fliegen

würde
ich
fliegen

hinaus
üb-
er

das
meer

hinaus
üb-
er

das
meer

würde
ich
fliegen

würde
ich
fliegen

würde
ich
fliegen

die
weit
entfernte

stad-
t

die
weit
entfernte

stad-
t

licht

das
licht

auf
der

weit
entfernten

stad-
t

die
weit
entfernte

stad-
t

die
weit
entfernte

stad-
t

das
licht

das
licht

das
licht

wenn
ich

ein
vogel
wäre

wenn
ich

ein
vogel
wäre

würde
ich
fliegen

würde
ich
fliegen

(zu
der
weit
entfernten

stad-
t)

wenn
ich

ein
vogel
wäre

wenn
ich

ein
vogel
wäre

würde
ich
fliegen

würde
ich
fliegen

würde
ich
fliegen

hinaus
üb-
er

das
meer

hinaus
üb-
er

das
meer

würde
ich
fliegen

würde
ich
fliegen

würde
ich
fliegen

hinaus
üb-
er

das
meer

hinaus
üb-
er

das
meer

würde
ich
fliegen

würde
ich
fliegen

würde
ich
fliegen

das
licht

das
licht

liegt
auf

dem
meer

das
licht

liegt
auf

dem
meer

das
licht

das
licht

liegt
auf

dem
meer

das
licht

liegt
auf

dem
meer

die
stad-
t

die
stad-
t

die
weit
entfernte

stad-
t

(das
licht

liegt
auf

dem
meer)

die
stad-
t

die
stad-
t

die
weit
entfernte

stad-
t

(das
licht

liegt
auf

dem
meer)

das
licht

das
licht

das
meer

das
meer

(das
licht

das
licht

das
meer

das
meer)

VI.

die
lang-
samste

die
lang-
samste

aller
bewe-
gungen

aller
bewe-
gungen

ent-
lang

der
ober-
fläche

des

meeres

die
lang-
samste

die
lang-
samste

aller
bewe-
gungen

aller
bewe-
gungen

ent-
lang

der
ober-
fläche

des

meeres

de-
nn

die
wandlungen

de-
nn

die
wandlungen

des
meeres

sind
die
wandlungen

der
musik

de-
nn

die
wandlungen

de-
nn

die
wandlungen

des
meeres

sind
die
wandlungen

der
musik

die
lang-
samste

der
bewe-
gungen

die
lang-
samste

der
bewe-
gungen

ist
auf

dem
meer

ist
auf

dem
meer

so
wie
der
ozean

so
wie
der
ozean

den
himmel

spie-
gelt

so
die
st-
ädte

des
menschen

die
sta-
dt

(Got-
tes)

so
wie
der
ozean

so
wie
der
ozean

den
himmel

spie-
gelt

so
die
st-
ädte

des
menschen

(Got-
tes)

welche
ström-
ung

welche
ström-
ung

ist
un-
ter

dem
meer

welche
ström-
ung

welche
ström-
ung

ist
un-
ter

dem
meer

kalte
ström-
ung

warme
ström-
ung

sanfte
ström-
ung

starke
ström-
ung

(ström-
ung)

welche
ström-
ung

ist
un-
ter

dem
meer

?

die
sonne
lächelt

die
sonne
lächelt

der
mond
lächelt

das
meer
lächelt

licht
licht

auf
dem
meer

(auf
dem
meer)

licht
licht

(auf
dem
meer)

der
himmel

ist
eins

die
luft

ist
eins

das
meer

das
meer

das
meer

ist
eins

der
himmel

ist
eins

die
luft

ist
eins

das
meer

das
meer

das
meer

das
meer

kann
reichen

das
meer

kann
reichen

doch
nu-
r

der
himmel

doch
nu-
r

der
himmel

das
meer

kann
reichen

das
meer

kann
reichen

doch
nu-
r

der
himmel

(lehnt sich
herab)

das
meer

kann
reichen

das
meer

kann
reichen

doch
nu-
r

der
himmel

doch
nu-
r

der
himmel

das
meer

kann
reichen

das
meer

kann
reichen

doch
nu-
r

der
himmel

(lehnt
sich
herab)

die
dunkel-
heit

die
dunkel-
heit

(das
gesicht

des
meeres)

die
dunkelheit

die
dunkelheit

(das
gesicht

des
meeres)

VII.

wie
still

wie
still

(&
die
kuppeln

wie
still)

wie
still

wie
still

ist
das

meer

wie
still

wie
still

(&
die
kuppeln

wie
still

wie
still

das
wind-
stille

meer

das
meer

das
meer

die
luft

die
luft

der
himmel

der
himmel

der
himmel

das
meer

das
meer

die
luft

die
luft

der
himmel

der
himmel

der
himmel

die
luft

ist
eine

rie-
sin

die
ihre

hand
hält

zwi-
schen

das
meer

&

den
himmel

die
luft

ist
eine

rie-
sin:

sie
hält

ihre
hand

zwi-
schen

das
meer

&

den
himmel

das
träum-
ende

träum-
ende

meer

be-
trachtet

den
lächel-
nden

himmel

das
träum-
ende

träum-
ende

meer

be-
trachtet

den
lächel-
nden

himmel

das
träum-
ende

meer

der
lächel-
nde

himmel

das
träum-
ende

träum-
ende

meer

das
träum-
ende

meer

der
lächel-
nde

himmel

das
träum-
ende

träum-
ende

meer

(das
meer

kann
reichen

das
meer

kann
reichen

der
himmel

schaut
herab

schaut

herab

(das
meer

kann
reichen

das
meer

kann
reichen)

der
himmel

schaut
herab

schaut

herab

wenn
ich

ein
vogel
wäre

wenn
ich

ein
vogel
wäre

würde
ich
fliegen

bis
zum
ende

des
meeres

wenn
ich

ein
vogel
wäre

wenn
ich

ein
vogel
wäre

würde
ich
fliegen

bis
zum
ende

des
meeres

das
meer

das
meer

der
himmel

der
himmel

der
himmel

der
himmel

das
meer

das
meer

das
meer

das
meer

der
himmel

der
himmel

der
himmel

der
himmel

das
meer

das
meer

die
kuppeln

die
kuppeln

sind
still

sind
still

das
meer

das
meer

ist
still

die
kuppeln

sind
still

das
meer

ist
still

die
luft

ist
still

ist
still

(die
kuppeln)

sind
still

das
meer

ist
still

die
luft

ist
still

ist
still

wie

sind
die
ström-
ungen

un-
ter

dem
meer

wie

sind
die
ström-
ungen

un-
ter

dem
meer

(das
meer

ist
ein
träum-
endes

meer)

wie

sind
die
ström-
ungen

un-
ter

dem
meer

wie

sind
die
ström-
ungen

un-
ter

dem
meer

(das
meer
’st

ein
sehn-
süchtiges

meer)

das
meer

kann
reichen

das
meer

kann
reichen

(der
himmel

schaut
herab

schaut
herab)

das
meer

kann
reichen

das
meer

kann
reichen

(der
himmel

schaut
herab

schaut
herab)

wie

sind
die
ström-
ungen

un-
ter

dem
meer

(das
meer

ist
ein
träum-
endes

meer)

wie

sind
die
ström-
ungen

un-
ter

dem
meer

(das
meer
’st

ein
sehn-
süchtiges

meer)

die
luft

die
luft

der
himmel

der
himmel

das
meer

das
meer

das
meer

die
luft

die
luft

der
himmel

der
himmel

das
meer

das
meer

das
meer

ABSTRAKTES GEDICHT

rot	rot	schwarz	rot
rot	rot	schwarz	rot
schwarz	schwarz	blau	schwarz
schwarz	schwarz		schwarz
schwarz	schwarz	schwarz	schwarz
schwarz	schwarz	schwarz	schwarz
blau	blau	blau	blau

---

ca. 1965, erstmals erschienen in *Retort*, Vol. 42 (# 3), 1967.

ABLE CHARLIE BAKER DANCE*

<table>
<tr><td>a-
ble</td><td>bak-
er</td><td>char-
lie</td><td>dance</td></tr>
<tr><td>bak-
er</td><td>a-
ble</td><td>a-
ble</td><td>a-
ble</td></tr>
<tr><td>char-
lie</td><td>char
lie</td><td>bak-
er</td><td>bak-
er</td></tr>
</table>

<table>
<tr><td>a-
ble</td><td>bak-
er</td><td>char-
lie</td><td>dance</td></tr>
<tr><td>char-
lie</td><td>char-
lie</td><td>bak-
er</td><td>bak-
er</td></tr>
<tr><td>bak-
er</td><td>a-
ble</td><td>a-
ble</td><td>a-
ble</td></tr>
</table>

<table>
<tr><td>a-
ble</td><td>bak-
er</td><td>char-
lie</td><td>dance</td></tr>
<tr><td>bak-
er</td><td>a-
ble</td><td>a-
ble</td><td>a-
ble</td></tr>
<tr><td>dance</td><td>dance</td><td>dance</td><td>char-
lie</td></tr>
</table>

* im Original belassen (Anm. d. Übersetz.)

1967, herausgegeben von Emil Antonucci in Zusammenarbeit mit *Tarasque Press*, East Markham (GB), 1971.

a- ble	bak-	char- er	dance lie
dance	dance	dance	char- lie
bak- er	a- ble	a- ble	a- ble

a- ble	bak- er	char- lie	dance
char- lie	char- lie	bak- er	bak- er
dance	dance	dance	char- lie

a- ble	bak- er	char- lie	dance
dance	dance	dance	char- lie
char- lie	char- lie	bak- er	bak- er

a- bak- char- dance
ble er lie

a- bak- char- dance
ble er lie

bak- a- a- a-
er ble ble ble

a- bak- char- dance
ble er lie

a- bak- char- dance
ble er lie

char- char- bak- bak-
lie lie er er

a- bak- char- dance
ble er lie

a- bak- char- dance
ble er lie

dance dance dance char-
lie

a- bak- char- dance
ble er lie

a- bak- char- dance
ble er lie

a- bak- char-
ble er lie dance

a- bak- char- dance
ble er lie

bak- a- a- a-
er ble ble ble

a- bak- char-
ble er lie dance

a- bak- char- dance
ble er lie

char- char- bak- bak-
lie lie er er

a- bak- char-
ble er lie dance

a- bak- char- dance
ble er lie

dance dance dance char-
lie

a- bak- char- dance
ble er lie

a- bak- char- dance
ble er lie

bak- a- a- a-
er ble ble ble

bak- a- a- a-
er ble ble ble

a- bak- char- dance
ble er lie

char- char- bak- bak-
lie lie er er

char- char- bak- bak-
lie lie er er

a- ble	bak- er	char- lie	dance
dance	dance	dance	char- lie
dance	dance	dance	char- lie

EIN PROBLEM DER GESTALTUNG

was wäre
wenn du
gerne
große blumen
maltest

doch was
wenn ein
weiser dir
sagte
dass
es
nichts
schöneres
gebe
nichts
schöneres

als eine
gerade
linie?

was solltest
du malen:
große blumen?
gerade linien?

ich denke
du solltest
malen

1958, 1961, 1969, diese Version erstmals veröffentlicht in R. Lax: Fables, *Journeyman Press*, New York 1970.

große blumen
große blumen

große blumen
große blumen

große blumen
große blumen

große blumen
große blumen

solange
bis sie
zur geraden
linie
werden

DER ENGEL
UND DIE KLEINE ALTE DAME

ein engel
erschien einer
kleinen alten
dame

& sagte:

möchtest du
einen
wunsch freiha-
ben?

für meine
enkelin,
sagte die kleine
alte dame:

dass sie heran-
wächst
zu einer
schönen jungen
dame

& heiratet einen
netten jungen
mann

zwei wünsche,
sagte der engel

möchtest du
einen weiteren?

was immer
schönes du
dir vorstellen
kannst,

sagte die kleine
alte dame

1969, publiziert von Emil Antonucci bei *Journeyman Press*, New York 1969.

das mädchen
wuchs heran
zu einer schönen
jungen dame

& heiratete einen
netten jungen
mann

nach einem jahr
etwa wurde ihnen
ein kind geboren

(eine idee
des engels)

- - -

nun war die
alte dame
ein bißchen
älter:

der engel
erschien
ihr erneut
& sagte:

möchtest du
einen
wunsch freihaben?

für das
kind, sagte
sie,

dass er heranwächst
zu einem
ansehnlichen
jungen mann

& heiratet

ein nettes
junges mädchen

zwei wünsche,
sagte der engel

möchtest du
einen weiteren?

was immer
schönes du
dir vorstellen
kannst,

sagte die kleine
alte dame

SCHÄFER-KALENDER

1.

<table>
<tr><td>bewe-
gung</td><td>bewe-
gung</td><td>felsen
wie</td><td>bewe-
gung</td></tr>
<tr><td>der
schafe</td><td>der
schafe</td><td>schafe</td><td>der
felsen</td></tr>
<tr><td>bewe-
gung</td><td>bewe-
gung</td><td>schafe
wie</td><td>bewe-
gung</td></tr>
<tr><td>der
felsen</td><td>der
felsen</td><td>felsen</td><td>der
felsen</td></tr>
</table>

2.

<table>
<tr><td>die
schafs
glocke</td><td>die
glocken
zunge</td></tr>
<tr><td>die
schafs
zunge</td><td>die
schafs
zunge</td></tr>
<tr><td>die
schafs
glocke</td><td>die
schafs
zunge</td></tr>
<tr><td>die
glocken
zunge</td><td>die
glocken
zunge</td></tr>
</table>

1969, erschienen in *New York Quarterly* # 1, 1970
sowie bei *Furthermore Press*, Lyndonville 1983.

3.

das schaf frisst	der junge wartet
der junge wartet	das schaf frisst
die schafe fressen	der junge wartet
der junge wartet	die schafe fressen

4.

schaf wan dert	junge wirft steine
junge wirft stein	schafe wan dern
schafe wan dern	schaf wan dert
junge wirft steine	junge wirft stein

5.

<table>
<tr><td>blökendes
lamm</td><td>blökende
schafe</td></tr>
<tr><td>blökende
schafe</td><td>blökendes
lamm</td></tr>
<tr><td>schaf
frisst</td><td>schafe
fressen</td></tr>
<tr><td>schafe
fressen</td><td>schaf
frisst</td></tr>
</table>

6.

<table>
<tr><td>treibender
schat
ten</td><td>sinkende
sonne</td></tr>
<tr><td>treibende
schafe</td><td>treibender
schat
ten</td></tr>
<tr><td>treibender
schat
ten</td><td>sinkende
sonne</td></tr>
<tr><td>treibende
schafe</td><td>treibende
schafe</td></tr>
</table>

SIEBEN EPISODEN

jeden tag wenn joe
die straße hinunterging
traf er mrs. macluski
die aus der anderen richtung kam
»hallo mrs. macluski«
sagte joe dann
»hallo joe« antwortete
mrs macluski

eines tages war es nicht mrs. macluski
welche die straße entlang kam
sondern es war die königin

»hallo eure hoheit« sagte joe
wie immer
»hallo joe« sagte die königin
»wie geht es denn so?«

1945–1979, erschienen in R.Lax: Episodes/Episoden, *Pendo Verlag*, Zürich 1983.

alles, was ich will,
ist, dass mein sohn,
heiratet

was hast du gesagt, mama?

nichts, mein sohn,
gar nichts, ich habe nur
nachgedacht

oh, alles klar,
mammchen

alles , was ich will,
auf dieser ganzen elenden
welt

ist, dass mein Sohn
heiratet

wenn ich vater-mutter-kind spiele,
spiele ich weder den vater
noch die mutter

es ist eher so,
als ob ich spielen würde
ich sei
das haus

mutt-
er
wenn
wir

nicht
von
blens-
ville
weg-
ziehen

werde
ich
mich
wahr-
scheinlich

er-
schie-
ßen

mutt-
er

weißt
du
das

?

der engel kam zu ihm & sagte

es tut mir leid, mac, aber
wir haben es besprochen
im himmel
& du wirst

eintausend jahre
zu leben haben

es war nur wenn der zahnarzt
mit ihr über ihr leben sprach
dass sie bemerkte eines zu haben.

ein hund lief abgekämpft
von einer seite der stadt zur anderen
und sagte zu sich selbst

»ich werde eine katze zum jagen finden,
heute, oder ich werde das haus
nie wieder verlassen«

TRACTATUS I–II

I

er war fest entschlossen, diesmal nicht über etwas bestimmtes zu schreiben, so weit entfernt zu bleiben von irgendeinem möglichen thema wie er konnte und einfach nur weiterzumachen, miteinzubeziehen oder auszuklammern, was auch immer ihm in den sinn kam, es nicht notwendigerweise zu erwähnen, es nicht notwendigerweise wegzulassen: die dinge in sein bewusstsein steigen zu lassen, sie kurz zu untersuchen und sie entweder fallen zu lassen oder zum bleiben einzuladen. er kannte die orte gut, diese hochs und tiefs, dieses hinein und hinaus, er sah sie, als ob er ein gebäude sähe, ein altes und wohlvertrautes gebäude. er ging darin herum während des tages und in der nacht, in träumen, er ging die ausgetretenen treppenstufen hinauf und hinab. wie ein wächter sah er die dinge aufsteigen, oder wie ein schauspieler, selbst steigend und fallend. (eine erinnerung stößt die nächste an: eine kollidiert mit der nächsten.) nein, er würde sich nicht einem einzigen thema widmen: nicht einfach nur einem der vielen, die sich über den tag hinweg in seinem geist zeigten. (es gab da einen prozess des strickens: die form der stiche war wichtiger als die farbe des garns). um weiterzumachen: um ein rad nach dem anderen zu drehen: ein großes nach einem kleinen, ein kleines nach einem großen, bis sich alle räder drehen, zahllose räder sich drehen und drehen, vielleicht innerhalb eines einzigen, riesigen rades; eines einzigen globus.

er würde jetzt nicht damit aufhören, den globus zu beschreiben: einen globus zu beschreiben: alle globen ähneln sich ziemlich, bis auf die größe. er würde nicht versuchen, einen moment von etwas sich-bewegendem zu beschreiben, von etwas betrauertem, ersehntem, verlorenem. die momente waren klar in seiner erinnerung, doch er hatte kein wort finden können – nicht für einen von ihnen.

auch als die regentropfen fielen, die zeiten fielen, die momente fielen. die momente sanken herab wie aus einer vorbeiziehenden wolke, sie verstärkten sich, als sie sich einem besimmten punkt näherten und dann, wieder, nahmen sie ab. selbst als die regentropfen sprachen, die zeiten sprachen: artikulation jenseits der bereiche des bewusstseins. es gab anhäufungen und befreiungen; befreiungen und wieder-anhäufungen. was immer verstreut wurde, wurde eingesammelt; was immer eingesammelt wurde, wurde verstreut. nichts war von langer dauer; kein moment währte ewig. jeder moment proklamierte für sich die sache des moments. in jedem moment, verborgen oder offenbar, lag eine mögliche erfüllung. jeder moment erhob seine forderung und jeder machte sein angebot. jeder war eine sphäre; jeder hielt für diesen einen moment fest an seiner sphärenhaftigkeit.

der bereich, in dem er lebte, war kein bereich der erde: konnte kaum auch nur ein bereich des himmels genannt werden: der bereich des geistes war weder hier noch dort: er kannte seinen eigenen wahren norden, seinen eigenen wahren westen. seine stürme waren keine erdenstürme, waren keine himmelsstürme, waren nicht wie die stürme auf see. der regen fiel in seiner eigenen jahreszeit, nicht in den jahreszeiten der erde. der bereich des geistes: vereint und geteilt: vereint in sich selbst; geteilt gegen sich selbst; vereint in ihnen selbst; geteilt gegen sie selbst.

1971, erschienen in *Dryad* # 9/10, 1972.

das   das   das   das
rot   blau   rot   blau

(dunk-   (rot-   (blau-   (dunk-
ler   er   er   ler
werdend)   werdend)   werdend)   werdend)

kon   kon   kon   kon
front   front   front   front
ierte   ierte   ierte   ierte

das   das   das   das
blau   rot   blau   rot

nein: das war klar. er würde sie nicht in sein buch hineinschreiben. sie waren eine gattung für sich, ein gesetz für sich: eine gattung ohne regeln, eine regel ohne verzeichnis. sie kannten sich und sie kannten ihre eigenarten. sie verstanden die veränderungen, sie verstanden alles, tatsächlich, als ob die ganze struktur ihnen als musik vorgespielt worden wäre. sie wussten in jedem moment, welche musik als nächstes kommen würde.

sie wussten (innerhalb des stammes), was zählte und was nicht. und doch war ihr stamm kein stamm, ihre stämme, keine stämme. sie waren ausgestoßene aller stämme und doch hielten sie zusammen, stärker als stämme. jeder kannte des anderen schlaflosigkeit: jeder kannte des anderen hunger.

nein, ihre sprache war nicht geboren aus verzweiflung oder hoffnungslosigkeit. sie war geboren aus demut, beinahe geboren aus ermüdung: doch obwohl geboren aus demut, geboren aus ermüdung, war sie dennoch stark geboren und geboren, um zu bleiben.

eines wussten sie: sie konnten nicht weiter hinabsteigen; sie konnten nicht weiter hinuntergehen und dennoch weiterleben. sie lebten an den rändern des tages, sie lebten an den rändern der nacht. beinahe waren sie schlaflos; niemals waren sie untätig. auch ihre untätigkeit war eine fessel: es gab keine freiheit in ihrem wachen. keine freiheit und keine tränen. keine freiheit und wenig lachen, etwas lachen, ja. keine tränen. sie hatten mit dem weinen aufgehört.

II.

sogar am grund der see lässt sich die gegenwart der sonne an der oberfläche erspüren

die straße entlang gehen und sich nicht verstricken in ihren gesichtern

eine oben gelegene welt und eine unten gelegene welt

die helden waren diejenigen mit den geraden gesichtern

all die unbedeutenden charaktere waren verbogen im vergleich

eine erfahrung schwang nach für tage, für monate, für jahre

andere, die zunächst wichtig erschienen, waren im nächsten moment vergessen

die geräusche waren vertraut und fremd zugleich

formlose lichter in der inneren welt

präzision der bewegung, präzision der betrachtung

die szenerie war eine sich verändernde, die charaktere ebenso, sich verändernd von moment zu moment

der morgen unschuldig; der nachmittag majestätisch

sie wachten und schliefen, wachten und schliefen; sie kannten ihre eigenen zeiten, ihre eigenen jahreszeiten

es gab zeiten, einzelne momente, in denen die worte eines einzelnen die luft zerschnitten, um einen anderen zu erreichen

wenn die see ruhig war in dieser bucht, so war es ruhig in der bucht, die ihr entgegenblickte

der nachmittag hatte einen ganz eigenen ton

er durchdrang die berge, die bäume, die see (das sonnenlicht)

er stand, wie ein tänzer stehen kann, mit seinem ganzen gewicht balanciert auf einem einzigen punkt

er verhängte stille

nachmittage der erinnerung: boote in der bucht, die häuser am kai

in wirklichkeit war alles so wirklich wie das auge

eine gespannte weiße schnur, von der ein ton aus schwingen konnte

skizzen von diesem idealen ort, zu dem alle hoffnung strebte

die see verordnete den bewegungen ihre begrenzungen

bewege dich: doch bewege dich so, auf diesen pfaden, in diesem tempo

die see würde nicht in eile sein, die sonne würde nicht in eile sein: die wolken stünden beinahe still und würden nicht in eile sein

den ganzen nachmittag über krähten die hähne, lange töne, lange schreie und schienen keine antwort zu benötigen

(der nachmittag selbst entwarf eine rüstung für den helden)

der held trug sich in die listen ein und hielt die embleme des lebens: sein schild geschmückt mit den emblemen des lebens

EINE INSEL

1975, erschienen in *Hanging Loose* # 29, 1976–77.

I.

kr
eis

von
braun

kr
eis

von
blau

kr
eis

der
erde

kr
eis

der
erde

kr
eis

von
braun

kr
eis

von
blau

kr
eis

der
see

kr
eis

der
see

kr
eis

von
braun

kr
eis

von
braun

kr
eis

der
erde

kr
eis

der
erde

kr
eis

von
blau

kr
eis

von
blau

kr
eis

der
see

kom
men

aus
dunkelheit

kom
men

aus
dunkelheit

kom
men

aus
dunkelheit

kom
men

aus
dunkelheit

kom
men

aus
licht

kom
men

aus
licht

kom
men

aus
licht

erd
kr
eis

erd
kr
eis

see
kr
eis

see
kr
eis

erd
kr
eis

erd
kr
eis

see
kr
eis

see
kr
eis

braun erde
braun erde

blau erde
blau erde

braun see
braun

see

blau see
blau

prä
senz

des
lichts

prä
senz

des
lichts

prä
senz

der
dunkelheit

prä
senz

der
dunkelheit

prä
senz

der
dunkelheit

prä
senz

der
dunkelheit

prä
senz

des
lichts

dunkel	land
dunkel	land
licht	see
licht	see

dunkel	land
dunkel	land
licht	see
licht	

blatt
klang

blatt
klang

blatt
klang

blatt
klang

welle
klang

welle
klang

welle
klang

welle
klang

land
geruch

land
geruch

see
geruch

see
geruch

land
geruch

land
geruch

see
geruch

see
geruch

kom
men

der
dunkelheit

kom
men

der
dunkelheit

kom
men

der
dunkelheit

kom
men

der
dunkelheit

kom
men

des
lichts

kom
men

des
lichts

kom
men

des
lichts

II.

schwarze rote
felsen erde

schwarze rote
felsen erde

grüne rote
blätter erde

grüne rote
blätter erde

schwarze schwarze
felsen felsen

schwarze schwarze
felsen felsen

grüne grüne
blätter blätter

licht

schneidet

schat
ten

licht

schneidet

schat
ten

schat
ten

schneidet

licht

schat
ten

schneidet

licht

stein
schat
ten

stein
schat
ten

blatt
schat
ten

blatt
schat
ten

blatt
schat
ten

blatt
schat
ten

stein
schat
ten

stein
schat
ten

land
wind

land
wind

see
wind

see
wind

see
wind

see
wind

land
wind

land
wind

hügel
schat
ten

hügel
schat
ten

wolken
schat
ten

wolken
schat
ten

hügel
schat
ten

hügel
schat
ten

wolken
schat
ten

wolken
schat
ten

<table>
<tr><td>land
kr
eis

land
kr
eis</td><td>see
kr
eis

see
kr
eis</td></tr>
<tr><td>see
kr
eis

see
kr
eis</td><td>land
kr
eis

land
kr
eis</td></tr>
</table>

blatt
klang

blatt
klang

wellen
klang

wellen
klang

blatt
klang

blatt
klang

wellen
klang

wellen
klang

ziegen
schreie

ziegen
schreie

ziegen
schreie

ziegen
schreie

vogel
schreie

vogel
schreie

vogel
schreie

vogel
schreie

in
sel

in
sel

in
sel

eine
in
sel

eine
in
sel

eine
in
sel

ein
felsen

eine
see

TIGER

ein tiger
ist wie ein
schmetterling,
dachte
der
tiger

heute hier,
morgen dort

er ist wie ein
vogel – ein falke,
immer
wachsam

er ist sogar
ein bisschen
wie ein
elefant,

schwerfällig
& im grunde
sanft.

nicht zu
sanft,

sagte ein
junger
tiger.

1981, erschienen in R. Lax: Fables/Fabeln, *Pendo Verlag*, Zürich 1983
sowie *Furthermore Press*, Passumpsic 1983.

ich meinte es bloß

als metapher,
sagte der alte,

ein tiger ist wie
eine ganze reihe von
dingen.

21 SEITEN

1982, erschienen in R. Lax: 21 Pages/21 Seiten, *Pendo Verlag*, Zürich 1984.

Ich suche nach Dir, doch wenn dort niemand ist, wonach suche ich dann? Noch immer nach Dir. Einer Weise von Dir. Nicht nach mir selbst? Bin ich Du? Muss ich nach mir suchen? Nach mir selbst? Ist mein Selbst Du? Ich weiß: Selbst. Bist Du das? Bin ich es? Wozu suchen? Es scheint, als ob ich dafür gemacht sei. Suchhund, Spürhund: dafür gemacht. Das bin ich. Ich kenne mich. Kenne ich Dich? Überhaupt? Hatte ich Zeichen erhalten, irgendwelche Blitze? Irgendwelche Hinweise? War dies ein Hinweis? Welcher? Jeder, den ich bekommen habe, oder dachte bekommen zu haben, oder von dem ich mir vorstellte, wie ich ihn bekommen hatte, in der Vergangenheit und auch jetzt, da ich frage. Ist Fragen ein Hinweis? Ist der Wunsch, wissen zu wollen, was Du bist, wer Du bist, ein Beweis dafür, dass Du bist, dass Du da bist? Zeit verschwenden: Wofür könnte ich sie verwenden? Wozu dient sie, wenn alles, was ich wissen möchte, ist, wo Du bist. Ich suche weiter, dafür wurde ich geboren. Ich kann mich nicht erinnern, geboren worden zu sein. Was macht mich so sicher, dass ich es wurde? Oder dass ich es für irgendetwas wurde.

Zeit für Zerstreuung. Ich zähle bis 150. Zähle bis 150 in Dreierschritten. Ich beginne bei 150 und arbeite mich zurück mit Dreien und Vieren: 147, 143, 140, 136, 133, 129, 126, 122, 119. Langeweile. Ich kehre zurück zur Suche im Schneidersitz, bringe den Geist zum Schweigen. Habe ich Beine? Mein Körper hat welche: Ich kann sie kreuzen und strecken. Ich kreuze sie jetzt und richte meine – ist es meine? – Wirbelsäule auf. Ich sitze mit aufgerichteter Wirbelsäule und starre, nicht scharf, in die Dunkelheit. Ich suche wieder, so wie immer, so wie ich es immer tue. Ein Weg so gut wie der andere.

Geradeaus schauen, nicht scharf, mit nur einem Objekt im Sinn. Keine Objekte. Geradeaus schauen und warten. Warten, nicht suchen. Suchen und warten. Woher weiß ich, was es ist? Ich weiß es. Ich weiß es, weil ich es immerfort tue. Warten und suchen, was, wen? Wie werde ich wissen, wenn ich es gefunden habe, ihn gefunden habe, Dich gefunden habe? Wie würde ich es nicht wissen? Wie kann ich erwarten, nicht zu wissen, was ich finden würde, wenn ich Dich fände? Mache ich einfach weiter mit dem Suchen, dem Schauen, dem Warten? Finde ich Dich? Findest Du mich? Werde ich es merken, wenn ich gefunden werde? Wie könnte ich es nicht merken?

Wie könnte ich nicht wissen, wonach ich suchte? Doch ich weiß es nicht. Doch ich weiß es. Ich tue es schon so lange, ich muss irgendetwas wissen. Nicht viel. Nicht genug, um es festzuhalten. Eine vage Idee. Weiß ich, wonach ich nicht suche? Ich weiß es. Weiß ich, was ich bin? Ich weiß es nicht. Würde ich es wissen, wenn ich Dich sähe? Würde ich Dich erkennen, wenn Du mir auf der Straße entgegen kämst? In der Nacht in die Dunkelheit starrend, würde ich Dich erkennen, wenn ich Dich zurückstarren sähe? Nicht starrend, schauend. Würde ich Dein Gesicht kennen, wenn ich es sähe? Würde ich denken, Du seist es? Habe ich Dich zuvor schon einmal gesehen? Weiß ich, weißt Du, wo es war, wann es war? Gibt es eine Möglichkeit, mich zu erinnern?

Ich erinnere mich an so etwas wie im-Regen-stehen, auf der Straße, aufrecht natürlich und im strömenden Regen. Nicht strömend, ein senkrechter Platzregen. Nachts und unter einer Laterne im Platzregen. Habe ich damals irgendwelche Fragen gestellt? Habe ich ein Gesicht gesehen? Ich war völlig allein auf der Straße. Allein. Ich war ein Teil des Regens. Nicht Teil des Regens, Teil des Momentes, der vom Regen handelte. Ich wusste, wo ich war. Ich wusste, was ich tat. Ich wusste, was der Regen tat. Es gab nichts Bestimmtes daran zu erinnern. Ich erinnere mich an andere Zeiten, einige bloß in Träumen, Zeiten, die ich erkennen würde, wenn ich sie wiedersähe. Zeiten, in denen Dinge zusammenkamen, zusammen wirkten. Was haben diese Dinge mit Dir zu tun? Warum erinnere ich mich an sie? Warum durchsiebe ich sie? Ich tue es, doch nicht, weil ich weiß, was sie enthalten könnten. Wenn da irgendetwas ist, das sie enthalten. Zeiten, in denen ich fühlte, dass Du da warst, dass Du nahe warst. Eine Halle, ein Korridor: Einen Korridor entlang gehen, die klammen Wände aus Stein, ein Geruch von Feuchtigkeit, kalt, aber ein Gefühl von was? Dass ich nicht alleine war? Dass jemand nahe war, nicht sichtbar, doch nahe bei mir, dass irgendjemand da war. Aber wer?

Oder in einem Traum, in einem Haus, einem einfachen Haus, einer Hütte am Fluss, ein großes Fenster zum Fluss hin. Das Haus sehr stabil. Der Fluss in langsamer Bewegung. Ein Halblicht, weder dunkel noch hell. Zwielicht. Zwischen Nacht und dem Morgen. Nein, Abend und Nacht. Zwischen Abend und Nacht. Ich bin im Inneren des Hauses, die Beine gekreuzt, nicht gekreuzt, sitze einfach auf dem Boden, schaue hinaus auf den Fluss, den dunklen Fluss, das graue Licht. Ich bin nicht alleine. Oder doch, aber nicht alleine so wie jetzt. Ich warte, warte nicht. Ich bin dort.

Wenn ich dort bin, bist Du dort; wenn ich es nicht bin, bist Du es nicht. Wenn ich nicht hier bin, warte ich. Versuche es wieder: Wenn Du hier bist, bin ich auch hier und wenn Du es nicht bist, bin ich es nicht. Wo bin ich dann, wenn Du nicht hier bist? Ich bin nirgendwo. Was tue ich nirgendwo? Warten. Ich sitze im (nennen wir es so) Nirgendwo, schaue ins Dunkle und warte.

Ich sollte es eigentlich besser ausdrücken können. Aber wie? Indem ich es nicht versuche? Ich versuche, es nicht zu versuchen. Ich versuche, es so auszudrücken, wie es ist, so wie ich es sehe. Doch ich werde es nicht zu sehr versuchen. Es zu sehr zu versuchen, bringt mich ab vom Weg. Ich weiß, wo ich nun bin. Ich weiß, dass ich einiges davon ausdrücken kann. Ich kann es, wenn ich es nicht zu sehr versuche.

Aufwachen und warten. Sich hinlegen und warten. Sich wieder aufsetzen und warten. Alles in der Dunkelheit jetzt. Keine Möglichkeit, Tag von Nacht zu unterscheiden. Erwarte ich, ein Geräusch zu hören? Erwarte ich, eine Stimme zu hören? Ein Licht zu sehen? Ein abgedunkeltes? Ein strahlendes? Ein Gesicht? Ich setze mich auf. Ich bin bereit. Weiß ich, was ich zu erwarten habe?

Ich weiß nicht, was ich zu erwarten habe, doch ich weiß, was ich tue. Ich weiß, wie es sich anfühlt, das zu tun, was ich tue. Ich fühle mich wie ein Wächter. Ich bin auf dem Wachtposten. Ich weiß nicht, was ich zu erwarten habe. Freund oder Feind? Freund. Ich warte auf einen Freund. Auf jemanden, der ein Freund werden könnte. Auf jemanden, der sich als einer erweisen könnte.

Warum warten? Warum schauen? Was hätte ich Besseres zu tun? Habe ich etwas anderes zu tun? Vielleicht singen. In dieser Dunkelheit singen? Wie könnte ich Deine Stimme hören, wenn ich sänge? Vielleicht zählen. Kein Zählen. Ganz leise zählen. Nein.

Meine Kindheit war sehr glücklich. Ich war dieses. Ich war jenes. Meine Eltern liebten mich innig: Daran erinnere ich mich. Mir fehlte es an nichts. Ich war ganz umsorgt. Es gab so gut wie nichts, worum ich gebeten hätte. Ich bat nicht. Nicht oft. Wenn ich bat, so wurde mir gegeben. Wenn ich suchte, so fand ich. Soviel zu den frühen Jahren. Ich kann mich kaum an sie erinnern.

Schule: Ich besuchte eine auf dem Land, eine kleine Schule mit nur einem Lehrer. Ich muss ein mittelmäßiger Schüler gewesen sein; ich erinnere mich an keine Belohnungen und an keine Bestrafungen. Oder an nur wenige. Wenn der Lehrer zur Klasse sprach, so schien er mit den anderen Schülern zu reden; ich hatte nie das Gefühl, er redete mit mir. Als ich in die Pubertät kam, fand diese ganze Erfahrung ein Ende. Wir sind wohl in die Stadt gezogen und die Schule war vorbei.

Die Schule war vorbei & mein Warten begann. Ich bin sicher, dass es etwa damals anfing. Es muss sehr leise begonnen haben. Ich habe dieses Beginnen nicht bemerkt. Ich merkte, dass ich etwas Neues tat. Ich wusste nicht, dass ich wartete. Ich wusste, dass ich etwas beinahe die ganze Zeit über tat, eine neue Sache. Etwas, das einen Tag mit dem nächsten verband. Nie wieder fragte ich mich, was ich tue. Ich wusste, dass es das war, was ich tat.

Diese Sache, aber nicht, dass ich wartete. Ich machte einfach weiter. Ich lebte von Tag zu Tag mit nur einem Ziel: in dem Zustand zu bleiben, in dem ich war. Welchem Zustand? Einem Zustand der Bereitschaft. Doch bereit wofür? Ich hatte nicht die leiseste Ahnung damals.

Wie ein Gefangener, der auf Begnadigung wartet, die Tage zählt, nicht zählt, nicht weiß, was zu zählen wäre oder warum, auf eine Sache wartend, auf einen Moment, ein Ereignis. Ich fühlte mich nicht wie ein Gefangener, doch ich wartete wie einer; tat nichts weiter als warten.

Oder wie ein Kind, ein Fötus, ich meine, in der Dunkelheit wartend, in warmer oder handwarmer Dunkelheit, darauf, geboren zu werden. Ich wartete darauf, dass Dinge damit beginnen, zu geschehen. Ich wartete darauf, damit zu beginnen, zu sein.

Oder auf einen Brief warten, der nicht eintrifft. Der eintreffen wird, aber noch nicht jetzt. Er wird, oder er wird nicht. Es gibt nichts, was man tun kann, um es auf den Weg zu bringen. Kann man die ganze Zeit darüber nachdenken? Das kann man nicht. Doch kann man es vergessen?

Ich denke die ganze Zeit darüber nach. Oder doch nicht. Aber ich vergesse es nicht. Immer irgendwo in meinem Hinterkopf, ganz vorne, genau hier, genau dort. Eine Kerze, die in irgendeiner dunklen Ecke brennt. Licht der Nachtwache. Oder ein Fenster ins Dunkle. Man sieht nichts von innen. Es gibt bloß die Möglichkeit zu sehen.

So wie man in einem Tal ohne Sonne wartet, an einem engen Pass zwischen zwei Bergen, auf einen Lichtstrahl. Familien leben dort das ganze Jahr über. Sehen niemals die Sonne. Hören nie auf zu warten. Tage folgen Nächten, doch niemals fallen Sonnenstrahlen unmittelbar in die Talenge. Stets ein Schatten, stets eine Wolke.

Wenn der Wind weht, höre ich dem Wind zu; wenn der Regen fällt, höre ich dem Regen zu. Ich durchsiebe die Geräusche, um zu erkennen, ob da noch ein anderes ist. Um zu erkennen, ob da eines ist, an das ich mich halten und das ich mein eigen nennen kann. Doch nichts bislang.

Ich öffne meine Augen im Dunkeln und sehe Dunkelheit. Ich schließe meine Augen und sehe Dunkelheit, auch im Licht. Alles dieselbe Dunkelheit. Beinahe dieselbe. Licht kommt und geht, doch die Dunkelheit bleibt. Beinahe immer dieselbe. Eine ziemlich beständige Dunkelheit. Eine, auf die man sich verlassen kann. Beinahe.

Geräusche kommen und gehen, doch die Stille bleibt. Stille, ungebrochen, außer von gelegentlichem Lärmen. Das Wesentliche ist Stille, dunkle Stille. Es gibt immer etwas Bewegung, ein Licht, ein Geräusch, dann hören sie auf und da ist nur noch dunkle Stille.

Ich warte im Dunkeln, im Regen, kein Geräusch, außer dem Regen. Warten, nicht warten, nichts tun außer warten. Bewegt sich die Dunkelheit? Bewegt sich die Stille? Sie tun es nicht und ebensowenig ich. Warten sie? Es bleibt mir verschlossen.

Ich weiß nicht, ob sie wartet, doch ich denke, sie bewegt sich. Die Dunkelheit. Es gibt Massen davon, Massen darin und sie verschieben sich. Eine stille Bewegung einer Kraft gegen eine Kraft, einer Masse gegen Masse. Auch ein Gefühl von Chaos. Nicht absolutes Chaos.

Die Bewegung dunkler Dinge in Dunkelheit, auf der Suche nach Ordnung. Auf der Suche nach Befreiung vom absoluten, beinahe absoluten Chaos. Dunkle Dinge bewegen sich in Dunkelheit, versuchen eine Art von Ausgleich zu finden, eine Art von Ordnung. Ich schaue ins Dunkle und sehe Dunkelheit, nicht mehr Licht als an den halb - eingebildeten Rändern dieser dunklen Objekte. Dunkelheit gemacht aus Objekten, die sich langsam drehen, drängeln und drehen, langsam drehen und bemüht darum sind, irgendeine Art von Einklang zu finden.

Ich warte nicht wirklich. Ich schaue. Schaue während ich warte. Blicke in die Dunkelheit und schaue, wie sie sich bewegt. Schaue auf die Bewegung dunkler Dinge in Dunkelheit: Ein Stoßen von links, ein Stoßen von rechts; eine ringende Bewegung von unten herauf. Sagte ich, es sei Chaos? Es ist kein Chaos. Es steckt eine Art von Handlung darin, eine Art von Absicht.

Ist es mein Wille? Ich denke nicht, dass es mein Wille ist. Es ist einfach der Wille der sich bewegenden Dinge. Der Dinge, oder was auch immer sie sind.

Abschnitte von Dunkelheit. Eisschollen von Dunkelheit, schwimmend auf dem Meer. Treiben, drehen, kollidieren. Sie stoßen aneinander, brechen, drehen sich, treiben. Dunkle Wale schwimmen in der nächtlichen See. Sie schwimmen aufeinander zu. Aufeinander zu und voneinander weg.

Dunkle Delphine springen über dem dunklen Meer. Absichtsvolle Bewegung. Welche Absicht? Dunkle Delphine, kurz vor der Morgendämmerung, tauchen ein in die nächtliche See. Dunkle Felsen, dunkler Delphin, dunkle Welle.

Nein, so ist es nicht. Alles dunkel, doch so ist es nicht. Dunkler, fester, weniger Regung. Nicht reglos, doch nicht so sehr hin und her. Nicht aufeinanderschlagend. Ein Stoßen, ein Prallen. Kein Schlagen. Eine schwarzumhüllte Szenerie, sich kaum bewegend, meistens.

Dunkel, wie eine schwarze Katze. Dunkel und glänzend. Sie hat ihre ruhenden Zeiten, ihre regen Zeiten. Katze schlummert, Katze frisst. Schlafen und springen. Erst das eine, dann das andere. Aktive Dunkelheit, passive Dunkelheit. Manchmal schaut man, manchmal wartet man. Wenn ich in die Dunkelheit schaue, sehe ich dann eine schwarze Katze? Ich sehe bloß die Dunkelheit, doch sie verändert sich.

Wie dieses und wie jenes. Wie eine Katze. Wie eine Wolke. Eine lichte Wolke, selbstleuchtend, doch nur schwach hinein leuchtend in ein Feld. Lichte Wolke, fließend auf einem dunklen Feld. Licht, kaum sichtbar, inneres Licht der lichten Wolke, selbstleuchtend, fließend, kaum in Bewegung, nicht treibend, nicht stehend, fließend, sich kaum bewegend auf einem nächtlichen, dunklen Feld.

Schließlich fand ich Arbeit: Gehilfe eines Uhrmachers. Genauer: Sanduhrmacher. Ich brachte ihm den Sand. Er formte die Kugeln und maß die Stunden. Ich brachte ihm obendrein winzige weiße Tassen Kaffee: nicht jede Stunde, bei Weitem nicht und nicht oft sogar zur rechten Zeit. Doch es war ein Job, ein Mittel für eine Art von Lebensunterhalt, das mich nicht an meiner eigentlichen Arbeit hinderte, meiner andauernden Hauptbeschäftigung. Oder kaum. Er mochte keine Träumerei; er mochte das Geräusch rennender Füße. In den Stunden, Tagen, Nächten, es müssen wohl Monate gewesen sein, die ich bei ihm gewesen bin, bekam er ein bisschen von beidem.

Ein bissen Rennen, ein bisschen Stehen & Träumen. Wieder Rennen. Wieder Stehen, Sitzen oder Lehnen, am Türrahmen, offensichtlich träumend. Es war, wie gesagt, ein Lebensunterhalt; nicht viel, nicht einen Deut über dem Nötigsten, doch genug, damit ich auf dem von mir gewählten Weg weitergehen konnte.

Mein Weg zu dieser Zeit war unbestimmt und doch gangbar. Es gab Nächte, Mitternächte, in denen ich alleine auf dem Bett sitzen konnte, das er mir zugewiesen hatte, die Augen geschlossen, die Augen geöffnet, schauend, wartend, kaum atmend, ganz wachsam, so wachsam, wie ich nur sein konnte für jede Veränderung in den teils hellen, meist jedoch dunklen Strukturen. Dieses Schauen konnte Stunden dauern, eine oder zwei, eine, zwei oder drei, manchmal bis einen Augenblick oder zwei vor der Dämmerung, bis ich mich schließlich noch einmal hinlegte, für eine Stunde Schlaf. Je länger das Schauen der langen Nacht, desto langsamer das Rennen des nächsten Tages für Sand und Kaffee. Je weniger Träume in der Nacht, desto mehr am Tag: Beim Stehen, Sitzen, Auflisten, Lehnen, Umherschleichen auf Kosten der Zeit und der Geschäfte des Meisters. Die Situation war dazu bestimmt, eines Tages ihr Ende zu finden, allmählich oder abrupt in gegenseitigem Einverständnis und sie tat es, noch bevor viele Tage, Wochen, Monate vergangen waren.

Die Situation endete, das heißt, der Job endete, doch nicht für einen Moment mein zugrundeliegendes Streben; ja, es intensivierte sich sogar noch in den Monaten des physischen Fastens & der Entbehrungen, die folgten. Das Feldbett war Vergangenheit und die Welt war meine Pritsche geworden. Wo immer ich nun schlief oder nicht schlief – es wurde zu meinem Lager. Ich habe die Zahl und die Arten der Plätze vergessen, die ich fand: alles wurde mir Obdach.
Ich brauchte nicht viel. Das Wetter war mild und ich hatte mich an die Härten eines ungepolsterten Daseins gewöhnt. Meine Beobachtungsgabe indes wurde geschärft. Ich konnte in der Dunkelheit sehen. Ich konnte viel tiefer in die Dunkelheit hineinsehen als zuvor.

Ich sah mehr als zuvor und mehr als ich heute sehe in meinem gegenwärtigen Zustand. Meinem gefallenen Zustand. Doch ich greife meiner Geschichte vor, wenn es denn eine sein sollte.

Mein gefallener Zustand, wenn es denn einer sein sollte. Meine dunkle Nacht, wenn es denn eine sein sollte. Meine lange Nacht des Wartens, wenn es denn eine sein sollte. Ich sah so viel mehr damals, in diesen Nächten des Schlafens, Nichtschlafens unter Brücken, Schlafens, Nichtschlafens auf Bänken, unter Bäumen, in Scheunen oder auf Kirchenstufen, als ich jetzt sehe. Wie dem auch sei.
Ich schaue weiter.

Ich schaue weiter, und das ist es, was zählt. Was zählt, wenn überhaupt irgendetwas zählt. Etwas zählt, doch die Frage, die ich mir immer öfter stelle, lautet, wer zählt es? Tue ich es? Ich tue es. Doch tun es die anderen auch? Zählt sonst irgendwer im Universum das, was passiert? Weiß sonst irgendwer im Universum, was zählt? Kümmert sich sonst irgendwer darum, ich meine, persönlich? Nun gut, warum sich darin vertiefen, solange ich es tue.

Und ich tue es. Es scheint so. Ich scheine wissen zu wollen, was vor sich geht. Von Moment zu Moment. Warum es vor sich geht. Was zählt, von Moment zu Moment. Ich möchte es wissen. Es scheint so. Ich scheine es wissen zu wollen. Ich scheine wissen zu wollen, was es mit all dem auf sich hat, oder sogar, was es mit jedem kleinen Teil davon auf sich hat.

Bild folgt auf Bild. Bild fließt in Bild, keines bleibt lange genug, um es zu beschreiben. Weiße Schrift auf Schwarz. Weißes Gewebe in dunkler Nacht. Ein blasser Splitter des Mondes erscheint und verschwindet. Wo ist die Energie? Wo ist der Anstoß?

Das Weiß treibt ins Schwarz. Erscheint und verschwindet. Formt und zerfällt, leise. Formt sich, treibt umher und verschwindet. Weiß ist ein lichter Schaum. Das Schwarz ist die See.

Schwarz lebt, steigt auf, dehnt sich aus, klingt ab. Schwarz hat Energie, Schwarz hat sein Gesetz. Weiß formt sich willkürlich. Das Schwarz hat einen Plan. Schwarz wächst wie ein Baum. Schwarz bewegt sich wie die See.

Es gibt Nächte, es gibt Zeiten, zu denen es keinerlei Weiß gibt, oder zu denen es so trüb ist, grün oder grau, sodass man es kaum anwesend nennen könnte: Nur ein Schleier, nur ein Dunst, die Erinnerung an ein Leuchten. Doch das Schwarz, die schwarze See, der schwarze Baum, ist immer da. Immer wachsend, immer lebend, immer sich wandelnd. Voller Energie und in Bewegung. Doch immer da.

Sollte ich das Weiß betrachten? Sollte ich das Schwarz betrachten? Ich schaue in Schwarz und sehe das Weiße sich davor bewegen. Ich schaue in die Dunkelheit. Ich schaue nicht ins Licht. Das Licht verschwindet, wenn ich es betrachte.
Die Dunkelheit bleibt.

Ein Auge. Sehe ich ein Auge? Das zurückblickt zu mir aus der Dunkelheit. Es ist wie ein Auge. Hat einen Punkt, eine Pupille. Blitzt auf und verschwindet. Blitz, blasser, weißer Blitz. Ich sehe auch die Winkel des Augenlids. Äußerer Winkel. Schöne Linie. Zwei anmutige Kurven, die sich treffen im Winkel. Blass weiß. Manchmal sehe ich es. Schwerlich, aber ich sehe es.

Das Auge schaut zurück. Nicht scharf, nein. Doch sanft? Gespannt? Einfach beständig, aus der Tiefe der Dunkelheit, wie etwas in der Natur, tief in den Wäldern.

Oder als ob mein eigenes Auge sich selbst sehen könnte, wie es schaut. Mein Auge trifft das Auge in der Dunkelheit. Das Auge in der Dunkelheit trifft meines. Kein Feuerwechsel, nur zwei ruhige Blicke.

Mein Auge. Dein Auge. Oder wenn es gar meines & meines wäre. Warum sollte mein Auge auf Deines schauen? Warum sollte Deines in meines schauen? Suche ich denn einen Blick, ein Schauen, in der Dunkelheit?

Hunderte von Augen, auf die ich und in die ich schaute: nicht nur in der Dunkelheit; zu jeder Stunde des Tages. Wonach schauen? Nach einer Art von Antwort? Augen jeglicher Gestalt und Farbe und jeglichen Grades von Lebendigkeit und Schwäche. Manche, in denen überhaupt kein Leben war. Manche, die aussahen wie explodierende Universen.

Einige Zeit lang arbeitete ich für einen Schausteller. Ich brachte ihm die Pappe. Er schnitt die Formen aus. Ich besorgte das Öl; er füllte die Lampen. Nachts bewegten sich seine Schatten über die Leinwand. Kinder im Publikum schrien vor Vergnügen, doch ich erschauderte. Nach den ersten Abenden sah ich überhaupt nicht mehr hin. Die Stücke waren zumeist Komödien, aber nicht für mich. Zu viele Figuren geköpft, oder beinahe geköpft. Zu viele harte Schläge auf den Kiefer.

Es war nicht das geeignete Umfeld für mich, um zu wachsen. Ich sagte es ihm so und wusste nicht, ob er verstand oder nicht. Nach einigen Tagen, Nächten, Wochen, Monaten endete unsere Vereinbarung, und ich war wieder auf mich alleine gestellt, noch immer wartend.

Auf Dich. Auf jemanden oder etwas, den oder das ich erkennen würde. Eine Person, einen Moment. Ein Zeichen, dass Du da warst. Oder gewesen warst; oder sein wirst, bald. Diese Komödien halfen mir überhaupt nicht weiter. Ich war froh, wieder in der Dunkelheit zu sein, wo ich sie vergessen konnte.

Nicht, dass ich jemals etwas vergessen würde. Es ist alles da, alles, was ich getan habe, alles, was je passiert ist, ist immer noch da, irgendwo in der Schwebe. Wartet auf die Gelegenheit. Oder kommt mit der Flut. Darauf oder darunter. Es ist alles da, irgendwo, nur, dass ich es mir nicht ins Gedächtnis rufen kann. Nie, oder selten. Nie versuche, es in Erinnerung zu rufen. Nie versuche, die Szene zu wiederholen. Warum sollte ich? Es liegt nicht in meinem Interesse.

Nicht in meinem Interesse, denn wenn ich irgendwohin schaue, so schaue ich nach vorne. Ich schaue in Richtung eines Punktes, eines flüchtigen Punktes, oder irgendwie noch nicht sichtbaren Punktes in der Ferne, in der Zukunft, wo etwas oder jemand Erkennbares auftaucht. (Wo Du auftauchst.)

Eine Person, ein Moment, eine Atmosphäre, die ich als zutiefst mein eigen erkennen würde, wären da.

Meine Person. Mein Geliebter, wenn Du so willst; mein gesuchtes Sein, mein Erinnertes würde da sein. Das, wonach ich Ausschau hielt, das, was ich suchte, ohne jede klare Vorstellung davon, wer er oder sie sein könnte, wie er oder sie aussehen könnte, würde erscheinen.

Nicht, wie ich bereits sagte, dass ich keine Vorstellung gehabt hätte. Nicht keine Vorstellung; aber keine klare. Keine Vorstellung, die ich gut in meiner Erinnerung hätte verankern können. Viel weniger eine Vorstellung, denn ein Gefühl, ein blasses, unvergängliches Lichtareal, eine Möglichkeit, wenngleich noch unerfüllt, eine Bereitschaft zu erkennen, jemanden, etwas. Dich.

Eine Bereitschaft, Dich zu erkennen; das ist alles, was ich mitgebracht habe, das ist alles, was ich mitbringe zur Begegnung.

Eine kurze Zeit lang arbeitete ich für einen Drucker. Ich brachte ihm das Holz. Er schnitt die Lettern. Er richtete sie aus und wir schwärzten sie mit Farbe. Ich brachte ihm auch Wein und im Verlauf des Tages immer wieder eine Handvoll Mandeln. Ich weiß nicht, wovon seine Romane handelten, doch die Arbeit war friedvoll. Ich wäre für immer bei ihm geblieben, wäre er nicht eingesperrt worden. Ich war unterwegs, um Wein und Mandeln zu besorgen, als die Hüter des Gesetzes kamen. Die Werkstatt war leer als ich zurückkehrte. Lettern und Farbe überall verteilt auf dem Boden.

Zurück auf die Straßen, in die Parks, zu den Schiffsanlegern. Zurück zum Stehen und Schauen, Ausschau-halten, nicht ein Ausschau-halten nach den Passanten. Schauen nach einem Gesicht. Einem Gesicht in der Menge. Einem bestimmten, das ich erkenne auf eine bestimmte Weise. Glaubte ich, dass ich es finden könnte? Wusste ich, dass ich es finden könnte? Ich wusste, dass ich mit nur einer Sache beschäftigt war: Schauen. Schauen und schauen.

Und zurück zu den Nächten des Schauens, nach außen und innen; ohne zu wissen, in welche Richtung ich schaue und doch wartend und schauend. Zurück zur Nachtwache. Tagwache und Nachtwache. Von der Abend- bis zur Morgendämmerung, von der Morgen- bis zur Abenddämmerung. Von Mittag bis Mitternacht. Ich sage nicht, dass ich nicht ermüdete: Es war so. Ich ermüdete, aber ich gab nicht auf.

Ich gab nicht auf, weil ich nicht konnte. Ich tat es nicht, weil ich dafür geschaffen worden bin, weiter zu warten. Geschaffen, gemacht, erfunden, geboren zu diesem einen, einzigen Zweck: zu schauen, zu warten. Man kann nicht aufgeben, wofür man gemacht wurde. Man kann nicht aufgeben, wer man ist.

Ich jedenfalls nicht. Ich konnte nicht aufgeben, zu sein, wer ich war und ich kann es auch heute nicht. Es ist mein Geschäft, das zu tun, was ich tue, das zu sein, was ich bin und zu warten, auf wen auch immer ich warte & immer gewartet habe. Mein Geschäft, so vermute ich, denn im Moment gibt es keinen anderen Ort, an dem ich sein könnte.

Oder lieber sein wollte. Ich habe mich daran gewöhnt, an Ecken zu stehen & zu warten, auf Bänken zu liegen und zu warten, aufzustehen im Herzen eines Waldes oder einfach nur unter den Bäumen des Parks und zu warten. Ich habe mich manchmal gefragt: Wenn Du nun kämst und ich Dich sähe und wüsste, Du bist da – ob ich mit dem Warten weitermachen würde.

Es kann so kommen, doch ich glaube es nicht. Ich glaube noch nicht einmal, dass es geschehen könnte. Es kann nicht, denn, wenn Du kämst, würden sich die Dinge verändern. Tausend, vielleicht Millionen Dinge würden sich verändern. Mein ganzes Leben würde sich verändern. Ich weiß es. Ich habe es von Anfang an gewusst.

Nachwort

Robert Lax wurde am 30. November 1915 in der Kleinstadt Olean im US-Bundesstaat New York geboren und verbrachte dort – abgesehen von einigen längeren Aufenthalten in New York City sowie auf Long Island – seine Kindheit und Jugend. Ab Mitte der 1930er Jahren besuchte er die Columbia Universität in New York und lernte dort Thomas Merton, Ad Reinhardt und Ed Rice kennen, die bald zu engen Freunde werden sollten. Nach der Hochschule folgten eine ganze Reihe unterschiedlicher Jobs und Tätigkeiten; unter anderem schrieb er Werbetexte, lehrte Englisch am College, nahm eine Stelle in der Redaktion der Zeitschrift *New Yorker* an, war Kolumnist beim *Time Magazine* und freiberuflich für das Magazin *Parade* tätig. Danach ging er für einige Zeit nach North Carolina, um Philosophie zu studieren (wobei er die Moralphilosophie Thomas von Aquins als Schwerpunkt wählte). Von dort führte ihn sein Weg nach Hollywood, wo er an Drehbüchern für die Goldwyn Filmstudios mitwirkte. Später arbeitete er für das Pariser Literatur-Journal *New Story*, war Mitbegründer und Redakteur des christlich geprägten Kulturmagazins *Jubilee* sowie Herausgeber seines eigenen Poesie-Imprints *Pax*.

Obwohl Robert Lax bereits zuvor einige Gedichte in verschiedenen Magazinen veröffentlicht hatte, war es doch erst die Begegnung mit dem Künstler und Grafiker Emil Antonucci in den 1950er Jahren, die seiner Laufbahn als Autor den entscheidenden Impuls gab. Antonucci begann, Lax' Arbeiten in kleinen Auflagen zu drucken – zunächst im *Hand Press*-Verlag, später unter dem Namen *Journeyman Books*. Die wohl bedeutendste dieser frühen Publikationen ist »The Circus Of The Sun« aus dem Jahre 1959, ein Zyklus von Gedichten und Erzählungen inspiriert von den Reisen, die Robert Lax einige Jahre zuvor mit der Artistenfamilie Cristiani durch Kanada unternommen hatte. Ein weiterer Meilenstein war die Veröffentlichung des Bandes »New Poems« (1962), in dem Robert Lax erstmals in vertiefter Weise mit den abstrahierten, vertikalen Gedichtlinien arbeitete, die bald so charakteristisch für seine Arbeit werden sollten. Weitere wichtige Publikationen aus dieser Zeit waren »Sea & Sky« (1965) und »Black & White« (1966).

Aufgrund der »visuellen Erscheinung« seiner Gedichte wurden bereits in den frühen Anfängen immer wieder Grafiker und bildende Künstler auf ihn aufmerksam, die für die Illustrationen und Veröffentlichungen seiner Bücher in meist kleinen Auflagen sorgten. In den 1970er Jahren traf Robert Lax auf den Schweizer Fotografen Bernhard Moosbrugger, der daraufhin in Zürich den *Pendo* Verlag gründete – zunächst vor allem, um Lax' Arbeiten zu veröffentlichen. Die Pendo-Ausgaben wurden meist zweisprachig, in Englisch und Deutsch gedruckt (manchmal auch ergänzt um Französisch und Spanisch) und brachten Robert Lax' Texte einem ganz neuen, breiteren Publikum nahe.

Immer wieder hatte es Robert Lax seit den 1950er Jahren nach Europa gezogen, zunächst vor allem nach Frankreich und Italien. Ab Mitte der 1960er Jahre siedelte er auf die griechischen Inseln Kalymnos und später

Patmos über, wo er bis kurz vor seinem Tod im September 2000 lebte und arbeitete.

33 Poems, erstmals erschienen 1988, war die erste Robert Lax-Anthologie und gilt noch immer als die wichtigste Sammlung seiner Texte. Die Idee zu diesem Buch wurzelt in einer Ausstellung der »Black Paintings« des US-amerikanischen Künstlers Ad Reinhardt (1913–1967) in der Staatsgalerie Stuttgart, mit der das Museum gleichzeitig eine Ausstellung der Arbeiten, Zeichnungen und Texte, von Robert Lax verband, für den Reinhardt während der 50er und 60er Jahre zu einem engen Freund und auch Mentor geworden war. Initiiert wurde das Buch vom Kurator der Ausstellung in Stuttgart, Thomas Kellein, der in den Folgejahren große Museen in Basel und Bielefeld leitete und viele weitere bedeutende Ausstellungen kuratierte.

Kellein war kurz zuvor zum Leiter des *Sohm-Archivs* in einer neugegründeten Abteilung der Stuttgarter Staatsgalerie berufen worden. Während der Arbeit an der Reinhardt-Ausstellung machte er dabei erstmals Bekanntschaft mit den Texten von Robert Lax. Er fand heraus, dass das Archiv im Besitz zahlreicher Arbeiten von Lax ist und kontaktierte ihn daraufhin mit der Bitte um ein Interview zu Reinhardt und zu seinen eigenen Arbeiten in der Sammlung. Robert Lax war prominent vertreten in dem Teil der Sammlung, der sich der »Konkreten Poesie« widmet – ein Signet, mit dem sich Robert Lax zeitlebens nicht sehr wohl fühlte; und dennoch eines, das die Gruppe von Autoren grob zusammenfasst, mit der er viele Gemeinsamkeiten hat.

Die Ad Reinhardt-Schau wurde schließlich vom 13. April bis 2. Juni 1985 in den großen Räumen der Stuttgarter Staatsgalerie gezeigt und die Robert Lax – Ausstellung vom 20. April bis 26. Mai in den Ausstellungsräumen des Archivs.

Thomas Kellein hatte bereits kurz vor der Ausstellung eine Anthologie von Ad Reinhardts Texten auf Deutsch herausgegeben – doch es sollten noch beinahe zwei Jahre vergehen, bis die Lax-Sammlung *33 Poems* schließlich beim Stuttgarter Verlag *Edition Hansjörg Mayer* in Kooperation mit dem New Yorker Verlagshaus *New Directions* erschien – allerdings damals ausschließlich in englischer Sprache. Die Auswahl der Texte hatte Thomas Kellein in enger Zusammenarbeit mit Robert Lax vorgenommen.

Die ersten Texte der Anthologie stammen aus den 1930er und -40er Jahren mit Arbeiten aus dem Magazin *New Yorker*. Viele der weiteren Texte wurden ursprünglich von Emil Antonucci bei Journeyman veröffentlicht, von dem Robert Lax immer wieder betonte, er sei für ihn der Initiator gewesen, derjenige, mit dem alles begonnen hatte. Die frühen, wichtigen Werke, die hier in voller Länge erscheinen, sind »The Circus of the Sun/ Der Zirkus der Sonne« und »Sea & Sky/Meer & Himmel«, ergänzt durch einige, teils humoristische, Arbeiten aus den Büchern »New Poems« (Journeyman), »Fables/Fabeln« (Pendo) und »Episodes/Episoden« (ebenfalls Pendo); »Shepherd's Calendar/Schäfer-Kalender« sowie die

Meditation »One Island/Eine Insel«, die uns erneut mit auf die griechischen Inseln nimmt, auf denen Robert Lax einen Großteil seines Lebens verbrachte, ergänzen die Sammlung.

»The Bomb/Die Bombe« ist ein Klangwerk, das sich als apokalyptisches Theaterstück samt Bühnenanweisungen verkleidet; »Able Charlie Baker Dance« nimmt Bezug auf die militärischen Codes zur Nachrichtenübermittlung. Dies ist wohl einer der subversivsten Texte, die Robert Lax je geschrieben hat – er benutzt hier Werkzeuge des Krieges und verwandelt sie in ein Gedicht; er ändert das D-Wort von »Dog« zu »Dance« und transformiert auf diese Weise die Botschaft.

»Tractatus I–II« ist eine Referenz an Ludwig Wittgenstein (1889–1951) und sein Werk Tractatus. Robert Lax deutet hier an, dass es womöglich nicht der Akademiker, sondern vielmehr der Dichter ist, der nahe an ein Verständnis des Philosophen gelangen kann.

Das Buch endet mit »21 Pages/21 Seiten«; beinahe so, als handle es sich um einen abschließenden Segen, um eine Art von Gebet. Hier gibt Robert Lax dem Leser einen Einblick in seine Suche nach dem *Anderen*, jenseits der Beschränkungen unserer materiellen Existenz und der formgebundenen Welt. Und spätestens mit diesem Text wird deutlich: Robert Lax ist nicht nur ein Poet – er ist ein Mystiker ersten Ranges.

Mit »33 Gedichte« erscheint nun erstmals eine Übersetzung der Sammlung »33 Poems« in deutscher Sprache.

Paul J. Spaeth
Kurator des Robert Lax-Archives,
St. Bonaventure University, Allegany, NY.